全国计算机技术与软件专业技术资格(水平)考试指定用书

信息系统管理工程师
2016至2020年试题分析与解答

计算机技术与软件专业技术资格考试研究部 主编

清华大学出版社
北京

内 容 简 介

信息系统管理工程师考试是计算机技术与软件专业技术资格（水平）考试的中级职称考试，是历年各级考试报名中的热点之一。本书汇集了从 2016 上半年到 2020 下半年的所有试题和权威的解析，参加考试的考生，认真读懂本书的内容后，将会更加了解考题的思路，对提升自己考试通过率的信心会有极大的帮助。

本书扉页为防伪页，封面贴有清华大学出版社防伪标签，无上述标识者不得销售。
版权所有，侵权必究。举报：010-62782989，beiqinquan@tup.tsinghua.edu.cn。

图书在版编目（CIP）数据

信息系统管理工程师 2016 至 2020 年试题分析与解答／计算机技术与软件专业技术资格考试研究部主编．—北京：清华大学出版社，2021.12（2024.3重印）
（全国计算机技术与软件专业技术资格（水平）考试指定用书）
ISBN 978-7-302-58926-6

Ⅰ.①信… Ⅱ.①计… Ⅲ.①管理信息系统－资格考试－题解 Ⅳ.①C931.6-44

中国版本图书馆 CIP 数据核字(2021)第 171784 号

责任编辑：杨如林
封面设计：杨玉兰
责任校对：胡伟民
责任印制：刘海龙

出版发行：清华大学出版社
网　　址：https://www.tup.com.cn，https://www.wqxuetang.com
地　　址：北京清华大学学研大厦 A 座　　邮　编：100084
社 总 机：010-83470000　　邮　购：010-62786544
投稿与读者服务：010-62776969，c-service@tup.tsinghua.edu.cn
质量反馈：010-62772015，zhiliang@tup.tsinghua.edu.cn

印 装 者：大厂回族自治县彩虹印刷有限公司
经　　销：全国新华书店
开　　本：185mm×230mm　　印　张：13　　防伪页：1　　字　数：320 千字
版　　次：2021 年 12 月第 1 版　　　　　　印　次：2024 年 3 月第 4 次印刷
定　　价：49.00 元

产品编号：093774-01

前　　言

根据国家有关的政策性文件，全国计算机技术与软件专业技术资格（水平）考试（以下简称"计算机软件考试"）已经成为计算机软件、计算机网络、计算机应用、信息系统、信息服务领域高级工程师、工程师、助理工程师（技术员）国家职称资格考试。而且，根据信息技术人才年轻化的特点和要求，报考这种资格考试不限学历与资历条件，以不拘一格选拔人才。现在，软件设计师、程序员、网络工程师、数据库系统工程师、系统分析师、系统架构设计师和信息系统项目管理师等资格的考试标准已经实现了中国与日本互认，程序员和软件设计师等资格的考试标准已经实现了中国和韩国互认。

计算机软件考试规模发展很快，至今累计报考人数超过 600 万人。

计算机软件考试已经成为我国著名的 IT 考试品牌，其证书的含金量之高已得到社会的公认。计算机软件考试的有关信息见网站 www.ruankao.org.cn 中的资格考试栏目。

对考生来说，学习历年试题分析与解答是理解考试大纲的最有效、最具体的途径。

为帮助考生复习备考，计算机技术与软件专业技术资格考试研究部组织编写了信息系统管理工程师 2016 至 2020 年试题分析与解答，以便于考生测试自己的水平，发现自己的弱点，更有针对性、更系统地学习。

需要说明的是，信息系统管理工程师的考试，每年考一次。2021 年考试安排在了下半年进行。

计算机软件考试的试题质量高，包括了职业岗位所需的各个方面的知识和技术，不但包括技术知识，还包括法律法规、标准、专业英语、管理等方面的知识；不但注重广度，而且还有一定的深度；不但要求考生具有扎实的基础知识，还要具有丰富的实践经验。

这些试题中，包含了一些富有创意的试题，一些与实践结合得很好的试题，一些富有启发性的试题，具有较高的社会引用率，对学校教师、培训指导者、研究工作者都是很有帮助的。

由于编者水平有限，时间仓促，书中难免有错误和疏漏之处，诚恳地期望各位专家和读者批评指正，对此，我们将深表感激。

编者
2021 年 9 月

目 录

第1章　2016上半年信息系统管理工程师上午试题分析与解答 1
第2章　2016上半年信息系统管理工程师下午试题分析与解答 28
第3章　2017上半年信息系统管理工程师上午试题分析与解答 44
第4章　2017上半年信息系统管理工程师下午试题分析与解答 69
第5章　2018上半年信息系统管理工程师上午试题分析与解答 83
第6章　2018上半年信息系统管理工程师下午试题分析与解答 110
第7章　2019上半年信息系统管理工程师上午试题分析与解答 121
第8章　2019上半年信息系统管理工程师下午试题分析与解答 149
第9章　2020下半年信息系统管理工程师上午试题分析与解答 162
第10章　2020下半年信息系统管理工程师下午试题分析与解答 191

第 1 章 2016 上半年信息系统管理工程师上午试题分析与解答

试题（1）

　　CPU 主要包含__(1)__等部件。

　　(1) A．运算器、控制器和系统总线　　B．运算器、寄存器组和内存储器
　　　　C．运算器、控制器和寄存器组　　D．控制器、指令译码器和寄存器组

试题（1）分析

　　本题考查计算机系统基础知识。

　　CPU 是计算机工作的核心部件，用于控制并协调各个部件。CPU 主要由运算器（ALU）、控制器（Control Unit，CU）、寄存器组和内部总线组成。

参考答案

　　(1) C

试题（2）

　　按照__(2)__，可将计算机分为 RISC（精简指令集计算机）和 CISC（复杂指令集计算机）。

　　(2) A．规模和处理能力　　　　　　B．是否通用
　　　　C．CPU 的指令系统架构　　　　D．数据和指令的表示方式

试题（2）分析

　　本题考查计算机系统基础知识。

　　按照 CPU 的指令系统架构，计算机分为复杂指令集计算机（Complex Instruction Set Computer，CISC）和精简指令集计算机（Reduced Instruction Set Computer，RISC）。

　　CISC 的指令系统比较丰富，其 CPU 包含丰富的电路单元，功能强、面积大、功耗高，有专用指令来完成特定的功能，对存储器的操作较多。因此，处理特殊任务效率较高。RISC 设计者把主要精力放在那些经常使用的指令上，尽量使它们具有简单高效的特色，并尽量减少存储器操作，其 CPU 包含较少的单元电路，因而面积小、功耗低。对不常用的功能，常通过组合指令来完成。因此，在 RISC 机器上实现特殊功能时，效率可能较低，但可以利用流水技术和超标量技术加以改进和弥补。

参考答案

　　(2) C

试题（3）

　　微机系统中的系统总线（如 PCI）用来连接各功能部件以构成一个完整的系统，它需包括三种不同功能的总线，即__(3)__。

(3) A. 数据总线、地址总线和控制总线
　　B. 同步总线、异步总线和通信总线
　　C. 内部总线、外部总线和片内总线
　　D. 并行总线、串行总线和 USB 总线

试题（3）分析

本题考查计算机系统基础知识。

系统总线（System Bus）是微机系统中最重要的总线，对整个计算机系统的性能有重要影响。CPU 通过系统总线对存储器的内容进行读写，同样通过系统总线将数据输出给外设，或由外设读入 CPU。按照传递信息的功能来分，系统总线分为地址总线、数据总线和控制总线。

参考答案

（3）A

试题（4）

以下关于 SRAM（静态随机存储器）和 DRAM（动态随机存储器）的说法中，正确的是　(4)　。

(4) A. SRAM 的内容是不变的，DRAM 的内容是动态变化的
　　B. DRAM 断电时内容会丢失，SRAM 的内容断电后仍能保持记忆
　　C. SRAM 的内容是只读的，DRAM 的内容是可读可写的
　　D. SRAM 和 DRAM 都是可读可写的，但 DRAM 的内容需要定期刷新

试题（4）分析

本题考查计算机系统基础知识。

静态随机存储器（SRAM）由触发器存储数据。其优点是速度快、使用简单、不需刷新、静态功耗极低，常用作 Cache；缺点是元件数多、集成度低、运行功耗大。动态随机存储器（DRAM）需要不停地刷新电路，否则内部的数据将会消失。刷新是指定时给栅极电容补充电荷的操作。其优点是集成度高、功耗低、价格低。

参考答案

（4）D

试题（5）

设有一个 16K×32 位的存储器（即每个存储单元含 32 位），则其存储单元的地址宽度为　(5)　。

(5) A. 14　　　　B. 16　　　　C. 32　　　　D. 48

试题（5）分析

本题考查计算机系统基础知识。

16K×32 位的存储器（每个存储单元含 32 位）有 16K 个存储单元，即 2^{14} 个存储单元，地址编号的位数为 14。

参考答案

（5）A

试题（6）

对有关数据加以分类、统计、分析，属于计算机在__(6)__方面的应用。

(6) A．数值计算　　　　B．数据处理　　　　C．辅助设计　　　　D．实时控制

试题（6）分析

本题考查计算机应用基础知识。

对数据加以分类、统计、分析属于数据处理方面的应用。

参考答案

(6) B

试题（7）

将计算机中可执行的程序转换为高级语言程序的过程称为__(7)__。

(7) A．反编译　　　　B．交叉编译　　　　C．反汇编　　　　D．解释

试题（7）分析

本题考查计算机程序语言基础知识。

将高级语言程序翻译为能在计算机上执行的程序的两种基本方式为编译和解释，编译的逆过程称为反编译。将汇编语言程序翻译成机器语言程序称为汇编，其逆过程称为反汇编。交叉编译是指在一个平台上生成另一个平台上的可执行代码的过程。

参考答案

(7) A

试题（8）

程序（或算法）的三种基本控制结构为__(8)__。

(8) A．顺序、逆序和乱序　　　　　　　　B．顺序、选择和循环
　　C．递推、递归和循环　　　　　　　　D．顺序、链式和索引

试题（8）分析

本题考查计算机程序语言基础知识。

程序（或算法）的三种基本控制结构为顺序、选择和循环。顺序结构是指程序语句的执行是按顺序从第一条语句开始执行到最后一条语句。在处理实际问题时，只有顺序结构是不够的，经常需要根据一些条件的判断来进行不同的处理。这种先根据条件做出判断，再决定执行哪一种操作的结构称为分支结构，也称为选择结构。循环结构是指按照一定条件反复执行某一处理步骤，反复执行的处理步骤称为循环体。

参考答案

(8) B

试题（9）

面向对象编程语言（OOPL）需支持封装、多态性和继承，__(9)__不是OOPL。

(9) A．Java　　　　B．Smalltalk　　　　C．C++　　　　D．SQL

试题（9）分析

本题考查计算机程序语言基础知识。

Java、Smalltalk和C++都是面向对象编程语言，其特点是支持封装/信息隐藏、继承和多

态/动态绑定，以及所有预定义类型及对象、所有操作都由向对象发送消息来实现，所有用户定义的类型都是对象等。如果一门编程语言满足了所有这些性质，一般可以认为这门语言是"纯粹的"面向对象语言。一门"混合型"语言可能支持部分性质而不是全部。

结构化查询语言（Structured Query Language，SQL）是一种数据库查询语言，用于存取数据及查询、更新和管理关系数据库系统。

参考答案

（9）D

试题（10）

设有初始为空的栈 S，对于入栈序列 a、b、c，经由一个合法的进栈和出栈操作序列后（每个元素进栈、出栈各 1 次），不能得到的序列为__(10)__。

（10）A．abc　　　　B．acb　　　　C．cab　　　　D．cba

试题（10）分析

本题考查数据结构基础知识。

栈的修改特点是后进先出。按照元素入栈的顺序，为 a、b、c，因此当元素 c 第一个出栈时，此时 b 和 a 尚在栈中，且元素 b 在栈顶，所以这种情况下只能得到序列 cba，得不到 cab。

参考答案

（10）C

试题（11）

设有一个 m 行 n 列的矩阵存储在二维数组 $A[1..m,1..n]$ 中，将数组元素按行排列，则对于 $A[i,j]$（$1 \leq i \leq m$，$1 \leq j \leq n$），排列在其前面的元素个数为__(11)__。

（11）A．$i \times (n-1)+j$　　B．$(i-1) \times n+j-1$　　C．$i \times (m-1)+j$　　D．$(i-1) \times m+j-1$

试题（11）分析

本题考查数据结构基础知识。

二维数组 $A[1..m,1..n]$ 如下所示。

$$A_{m \times n} = \begin{bmatrix} a_{11} & a_{12} & a_{13} & \cdots & a_{1n} \\ a_{21} & a_{22} & a_{23} & \cdots & a_{2n} \\ \vdots & \vdots & \vdots & \ddots & \vdots \\ a_{m1} & a_{m2} & a_{m3} & \cdots & a_{mn} \end{bmatrix}$$

对于元素 $A[i,j]$，其之前有 $i-1$ 行、每行有 n 个元素，在第 i 行上，$A[i,j]$ 之前有 $j-1$ 个元素，因此，按行排列时，$A[i,j]$ 之前共有 $(i-1) \times n+j-1$ 个元素。

参考答案

（11）B

试题（12）

数据的物理独立性和数据的逻辑独立性是分别通过修改__(12)__来完成的。

（12）A．模式与内模式之间的映像、外模式与模式之间的映像

B．外模式与内模式之间的映像、外模式与模式之间的映像
C．外模式与模式之间的映像、模式与内模式之间的映像
D．外模式与内模式之间的映像、模式与内模式之间的映像

试题（12）分析

本题考查数据库基础知识。

数据的独立性是由 DBMS 的二级映像功能来保证的。数据的独立性包括数据的物理独立性和数据的逻辑独立性。数据的物理独立性是指当数据库的内模式发生改变时，数据的逻辑结构不变。为了保证应用程序能够正确执行，需要修改模式/内模式之间的映像。数据的逻辑独立性是指用户的应用程序与数据库的逻辑结构是相互独立的。数据的逻辑结构发生变化后，用户程序也可以不修改。但是，为了保证应用程序能够正确执行，需要修改外模式/模式之间的映像。

参考答案

（12）A

试题（13）

在采用三级模式结构的数据库系统中，如果对数据库中的表 Emp 创建聚簇索引，那么改变的是数据库的__(13)__。

（13）A．模式　　　　B．内模式　　　　C．外模式　　　　D．用户模式

试题（13）分析

本题考查对数据库系统基本概念的掌握程度。

内模式也称存储模式，是数据物理结构和存储方式的描述，是数据在数据库内部的表示方式，定义所有的内部记录类型、索引和文件的组织方式及数据控制方面的细节。对表 Emp 创建聚簇索引，即索引项的顺序是与表中记录的物理顺序一致的索引组织，所以需要改变的是数据库的内模式。

参考答案

（13）B

试题（14）

在某企业的信息综合管理系统设计阶段，如果员工实体在质量管理子系统中被称为"质检员"，而在人事管理子系统中被称为"员工"，这类冲突被称为__(14)__。

（14）A．语义冲突　　B．命名冲突　　C．属性冲突　　D．结构冲突

试题（14）分析

本题考查数据库概念结构设计中的基础知识。

根据局部应用设计好各局部 E-R 图之后，就可以对各分 E-R 图进行合并。合并的目的在于，在合并过程中解决分 E-R 图中相互间存在的冲突，消除分 E-R 图之间存在的信息冗余，使之成为能够被全系统所有用户共同理解和接受的统一的、精炼的全局概念模型。分 E-R 图之间的冲突主要有命名冲突、属性冲突、结构冲突三类。

选项 B 正确，因为命名冲突是指相同意义的属性在不同的分 E-R 图上有着不同的命名，或是名称相同的属性在不同的分 E-R 图中代表着不同的意义，这些都要进行统一。

选项 C 不正确，因为属性冲突是指同一属性可能存在于不同的分 E-R 图中，由于设计人员不同或是出发点不同，属性的类型、取值范围、数据单位等可能会不一致，这些属性对应的数据将来只能以一种形式在计算机中存储，这就需要在设计阶段进行统一。

选项 D 不正确，因为结构冲突是指同一实体在不同的分 E-R 图中有不同的属性，同一对象在某一分 E-R 图中被抽象为实体，而在另一分 E-R 图中又被抽象为属性，需要统一。

参考答案

（14）B

试题（15）～（17）

设有一个关系 emp-sales（部门号，部门名，商品编号，销售数），部门号唯一标识 emp-sales 关系中的每一个元组。查询各部门至少销售了 5 种商品或者总销售数大于 2000 的部门号、部门名及平均销售数的 SQL 语句如下：

```
SELECT 部门号,部门名, AVG（销售数）AS 平均销售数
    FROM emp-sales
    GROUP BY  (15)
    HAVING  (16)  OR  (17) ;
```

(15) A. 部门号　　　　B. 部门名　　　　C. 商品编号　　　　D. 销售数
(16) A. COUNT(商品编号)>5
　　 B. COUNT(商品编号)>=5
　　 C. COUNT(DISTINCT 部门号)>=5
　　 D. COUNT(DISTINCT 部门号)>5
(17) A. SUM(销售数)>2000　　　　　B. SUM(销售数)>=2000
　　 C. SUM('销售数')>2000　　　　D. SUM('销售数')>=2000

试题（15）～（17）分析

本题考查关系数据库基础知识。

GROUP BY 子句可以将查询结果表的各行按一列或多列取值相等的原则进行分组，对查询结果分组的目的是细化集函数的作用对象。如果分组后还要按一定的条件对这些组进行筛选，最终只输出满足指定条件的组，可以使用 HAVING 短语指定筛选条件。

由题意可知，在这里只能根据部门号进行分组，并且要满足条件：此部门号的部门至少销售了 5 种商品或者部门总销售数大于 2000。完整的 SQL 语句如下：

```
SELECT 部门号,部门名,AVG(销售数) AS 平均销售数
    FROM emp-sales
    GROUP BY 部门号
    HAVING  COUNT(商品编号)>=5 OR SUM(销售数)>2000;
```

参考答案

（15）A　（16）B　（17）A

试题（18）、（19）

在 Windows 操作系统中，用户 A 可以共享存储在计算机、网络和 Web 上的文件和文件夹，但当用户 A 共享文件或文件夹时，__(18)__，这是因为访问用户 A 的计算机或网络的人__(19)__。

（18）A．其安全性与未共享时相比将会有所提高
B．其安全性与未共享时相比将会有所下降
C．其可靠性与未共享时相比将会有所提高
D．其方便性与未共享时相比将会有所下降

（19）A．只能够读取，而不能修改共享文件夹中的文件
B．可能能够读取，但不能复制或更改共享文件夹中的文件
C．可能能够读取、复制或更改共享文件夹中的文件
D．不能够读取、复制或更改共享文件夹中的文件

试题（18）、（19）分析

本题考查 Windows 操作系统基础知识。

在 Windows 操作系统中，用户 A 可以共享存储在计算机、网络和 Web 上的文件和文件夹，但当用户 A 共享文件或文件夹时，其安全性与未共享时相比将会有所下降，这是因为访问用户 A 的计算机或网络的人可能能够读取、复制或更改共享文件夹中的文件。

参考答案

（18）B　（19）C

试题（20）

在 Windows 操作系统中，如果没有默认的浏览 jpg 格式文件的程序，那么当用户双击"IMG_20160122_103.jpg"文件名时，系统会自动通过建立的__(20)__来决定使用什么程序打开该图像文件。

（20）A．文件　　　　B．文件关联　　　　C．子目录　　　　D．临时文件

试题（20）分析

本题考查 Windows 操作系统文件管理基础知识。

当用户双击一个文件名时，Windows 系统通过建立的文件关联来决定使用什么程序打开该文件。例如系统建立了"Windows 照片查看器"或"11view"程序打开扩展名为".jpg"类型的文件关联，那么当用户双击"IMG_20160122_103.jpg"文件时，Windows 先执行"Windows 照片查看器"或"11view"程序，然后打开"IMG_20160122_103.jpg"文件。

参考答案

（20）B

试题（21）、（22）

多媒体中的"媒体"有两重含义：一是指存储信息的实体；二是指表达与传递信息的载体。__(21)__是存储信息的实体；__(22)__是表达与传递信息的载体。

（21）A．文字、图形、图像、声音
B．视频、磁带、半导体存储器

    C. 文字、图形、磁带、半导体存储器
    D. 磁盘、光盘、磁带、半导体存储器
(22) A. 文字、图形、图像、声音
    B. 声卡、磁带、半导体存储器
    C. 文字、图形、磁带、半导体存储器
    D. 磁盘、光盘、磁带、半导体存储器

试题（21）、（22）分析

通常"媒体（Media）"包括两重含义：一是指信息的物理载体，即存储和传递信息的实体，如手册、磁盘、光盘、磁带以及相关的播放设备等；二是指承载信息的载体，即信息的表现形式（或者说传播形式），如文字、声音、图像、动画、视频等。也就是CCITT定义的存储媒体和表示媒体。表示媒体又可以分为三种类型：视觉类媒体（如位图图像、矢量图形、图表、符号、视频、动画等）、听觉类媒体（如音响、语音、音乐等）、触觉类媒体（如点、位置跟踪、力反馈与运动反馈等）。视觉和听觉类媒体是信息传播的内容，触觉类媒体是实现人机交互的手段。

显然采用排除法，对于试题（21），选项A、B和C是错误的，因为选项中含有文字、声音、图像和视频等承载信息的载体，即信息的表现形式，故正确的选项是D。对于试题（22），选项B、C和D是错误的，因为选项中含有磁盘、光盘、磁带、半导体存储器等存储信息的实体，故正确的选项为A。

参考答案

（21）D　（22）A

试题（23）

关于虚拟局域网，下面的说法中错误的是__(23)__。

(23) A. 每个VLAN都类似于一个物理网段
    B. 一个VLAN只能在一个交换机上实现
    C. 每个VLAN都形成一个广播域
    D. 各个VLAN通过主干段交换信息

试题（23）分析

虚拟局域网（Virtual Local Area Network，VLAN）是根据管理功能、组织机构或应用类型对交换局域网进行分段而形成的逻辑网络。虚拟局域网与物理局域网具有同样的属性，然而其中的工作站可以不属于同一物理网段。任何交换端口都可以分配给某个VLAN，属于同一个VLAN的所有端口构成一个广播域。每个VLAN是一个逻辑网络，发往本地VLAN之外的分组必须通过路由器组成的主干网段进行转发。

参考答案

（23）B

试题（24）

OSPF将路由器连接的物理网络划分为以下4种类型，其中，以太网属于广播多址网络，X.25分组交换网属于__(24)__。

(24) A. 点对点网络　　　　　　　　B. 广播多址网络
　　　C. 点到多点网络　　　　　　　D. 非广播多址网络

试题（24）分析

网络的物理连接和拓扑结构不同，交换路由信息的方式就不同。OSPF 将路由器连接的物理网络划分为 4 种类型。

①点对点网络：例如一对路由器用 64Kb 的串行线路连接，就属于点对点网络，在这种网络中，两个路由器可以直接交换路由信息。

②广播多址网络：以太网或者其他具有共享介质的局域网都属于这种网络。在这种网络中，一条路由信息可以广播给所有的路由器。

③非广播多址网络（Non-Broadcast Multi-Access，NBMA）：例如 X.25 分组交换网就属于这种网络，在这种网络中可以通过组播方式发布路由信息。

④点到多点网络：可以把非广播网络当作多条点对点网络来使用，从而把一条路由信息发送到不同的目标。

参考答案

（24）D

试题（25）

动态主机配置协议（DHCP）的作用是　(25)　；DHCP 客户机如果收不到服务器分配的 IP 地址，则会获得一个自动专用 IP 地址（APIPA），如 169.254.0.X。

(25) A. 为客户机分配一个永久的 IP 地址
　　　B. 为客户机分配一个暂时的 IP 地址
　　　C. 检测客户机地址是否冲突
　　　D. 建立 IP 地址与 MAC 地址的对应关系

试题（25）分析

动态主机配置协议（DHCP）的作用是为客户机分配一个暂时的 IP 地址，DHCP 客户机如果收不到服务器分配的 IP 地址，则在自动专用 IP 地址（APIPA）中（即 169.254.0.0/16）随机选取一个（不冲突的）地址。

参考答案

（25）B

试题（26）

SNMP 属于 OSI/RM 的　(26)　协议。

(26) A. 管理层　　　B. 应用层　　　C. 传输层　　　D. 网络层

试题（26）分析

SNMP 属于 OSI/RM 的应用层协议。

参考答案

（26）B

试题（27）

下面 4 个主机地址中属于网络 220.115.200.0/21 的地址是　(27)　。

(27) A. 220.115.198.0　　　　　　　B. 220.115.206.0
　　　C. 220.115.217.0　　　　　　　D. 220.115.224.0

试题（27）分析

　　地址 220.115.198.0 的二进制形式是 1101 1100. 0111 0011. 1100 0110. 0000 0000
　　地址 220.115.206.0 的二进制形式是 **1101 1100. 0111 0011. 1100 1**110. 0000 0000
　　地址 220.115.217.0 的二进制形式是 1101 1100. 0111 0011. 1101 1001. 0000 0000
　　地址 220.115.224.0 的二进制形式是 1101 1100. 0111 0011. 1110 0000. 0000 0000
　　地址 220.115.200.0/21 的二进制形式是 **1101 1100. 0111 0011. 1100 1**000. 0000 0000
　　从中可以看出，与网络 220.115.200.0/21 相匹配的是地址 220.115.206.0。

参考答案

　　（27）B

试题（28）

　　在下图的 SNMP 配置中，能够响应 Manager2 的 getRequest 请求的是__(28)__。

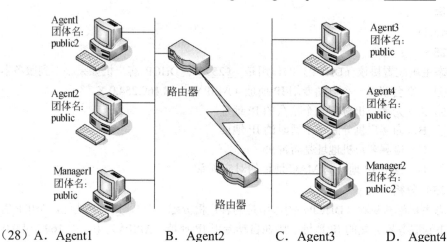

　　（28）A. Agent1　　　B. Agent2　　　C. Agent3　　　D. Agent4

试题（28）分析

　　在 SNMP 管理中，管理站和代理之间进行信息交换时要通过团体名认证，这是一种简单的安全机制，管理站与代理必须具有相同的团体名才能互相通信。但是由于包含团体名的 SNMP 报文是明文传送，所以这样的认证机制是不够安全的。本题中的 Manager2 和 Agent1 的团体名都是 public2，所以二者可以互相通信。

参考答案

　　（28）A

试题（29）

　　电子政务根据其服务的对象不同，基本上可以分为四种模式。某政府部门内部的"办公自动化系统"，属于__(29)__模式。

　　（29）A. G2B　　　B. G2C　　　C. G2E　　　D. G2G

试题（29）分析

电子政务根据其服务对象的不同，基本上可以分为四种模式，即政府对政府（Government to Government，G2G）、政府对企业（Government to Business，G2B）、政府对公众（Government to Citizen，G2C）、政府对公务员（Government to Employee，G2E）。

"办公自动化系统"是政府内部各级人员的业务流程系统，属于G2E模式。

参考答案

（29）C

试题（30）

下列行为中，__（30）__的行为不属于网络攻击。

（30）A．连续不停ping某台主机　　　　B．发送带病毒和木马的电子邮件
　　　C．向多个邮箱群发一封电子邮件　　D．暴力破解服务器密码

试题（30）分析

网络攻击是以网络为手段窃取网络上其他计算机的资源或特权，对其安全性或可用性进行破坏的行为。网络攻击又可分为主动攻击和被动攻击。被动攻击就是网络窃听，截取数据包并进行分析，从中窃取重要的敏感信息。被动攻击很难被发现，因此预防很重要，防止被动攻击的主要手段是数据加密传输。为了保护网络资源免受威胁和攻击，在密码学及安全协议的基础上发展了网络安全体系中的五类安全服务，分别是：身份认证、访问控制、数据保密、数据完整性和不可否认。对这五类安全服务，国际标准化组织（ISO）已经有了明确的定义。主动攻击包括窃取、篡改、假冒和破坏。字典式口令猜测、IP地址欺骗和服务拒绝攻击等都属于主动攻击。一个好的身份认证系统（包括数据加密、数据完整性校验、数字签名和访问控制等安全机制）可以用于防范主动攻击，但要想杜绝主动攻击很困难，因此对付主动攻击的另一措施是及时发现并及时恢复所造成的破坏，现在有很多实用的攻击检测工具。

常用的网络攻击方法有获取口令、放置特洛伊木马程序、WWW的欺骗技术、电子邮件攻击、通过一个节点来攻击其他节点、网络监听、寻找系统漏洞、利用账号进行攻击和偷取特权九种。

参考答案

（30）C

试题（31）

杀毒软件报告发现病毒Macro.Melissa（宏病毒），这类病毒主要感染__（31）__。

（31）A．DLL系统文件　　　　　　　　B．磁盘引导区
　　　C．EXE或COM可执行文件　　　　D．Word或Excel文件

试题（31）分析

本题考查计算机病毒基础知识。

计算机病毒的分类方法有许多种，按照最通用的区分方式，即根据其感染的途径及采用的技术区分，计算机病毒可分为文件型计算机病毒、引导型计算机病毒、宏病毒和目录型计算机病毒。文件型计算机病毒感染可执行文件（包括EXE和COM文件）。引导型计算机病毒影响软盘或硬盘的引导扇区。目录型计算机病毒能够修改硬盘上存储的所有文件的地址。

宏病毒感染的对象是使用某些程序创建的文本文档、数据库、电子表格等文件。Macro.Melissa 是一种宏病毒，所以感染的是 Word 或 Excel 文件。

参考答案

（31）D

试题（32）

李某未经许可擅自复制并销售甲公司开发的财务管理软件光盘，已构成侵权。乙公司在不知李某侵犯甲公司著作权的情况下，从经销商李某处购入 8 张光盘并已安装使用。以下说法正确的是 （32） 。

（32）A．乙公司的使用行为不属于侵权，可以继续使用这 8 张软件光盘

B．乙公司的使用行为属于侵权，需承担相应法律责任

C．乙公司向甲公司支付合理费用后，可以继续使用这 8 张软件光盘

D．乙公司与经销商李某都应承担赔偿责任

试题（32）分析

本题考查知识产权知识。

我国《计算机软件保护条例》第三十条规定："软件的复制品持有人不知道也没有合理理由应当知道该软件是侵权复制品的，不承担赔偿责任；但是，应当停止使用、销毁该侵权复制品。如果停止使用并销毁该侵权复制品将给复制品使用人造成重大损失的，复制品使用人可以在向软件著作权人支付合理费用后继续使用。"合法复制品是指向权利人或者其许可的经销商购买、接受权利人赠予、许可正版软件复制品。软件复制品持有人（乙企业）是善意取得软件复制品，取得过程也许合法，但是由于其没有得到真正软权利人的授权，其取得的复制品仍是非法的，须停止使用，不承担赔偿责任。如果停止使用并销毁该侵权复制品将给丙企业造成重大损失的情况下可继续使用，但前提是必须向软件著作权人支付合理费用。

参考答案

（32）C

试题（33）

某软件公司对其软件产品注册商标为 Aiai，为确保公司在市场竞争中占据优势，对员工进行了保密约束。尽管这样，该软件公司仍不享有 （33） 。

（33）A．专利权　　　　　B．商标权　　　　　C．商业秘密权　　　　　D．著作权

试题（33）分析

本题考查知识产权方面的基础知识。

关于软件著作权的取得，《计算机软件保护条例》规定："软件著作权自软件开发完成之日起产生。"即软件著作权自软件开发完成之日起自动产生，不论整体还是局部，只要具备了软件的属性即产生软件著作权，既不要求履行任何形式的登记或注册手续，也无须在复制件上加注著作权标记，也不论其是否已经发表，都依法享有软件著作权。软件开发经常是一项系统工程，一个软件可能会有很多模块，而每个模块能够独立完成某项功能。自该模块开发完成后就产生了著作权。

软件公司享有商业秘密权。因为一项商业秘密受到法律保护的依据,必须具备构成商业秘密的三个条件,即不为公众所知悉、具有实用性、采取了保密措施。商业秘密权保护软件是以软件中是否包含着"商业秘密"为必要条件的。该软件公司组织开发的应用软件具有商业秘密的特征,即包含着他人不能知道的技术秘密;具有实用性,能为软件公司带来经济效益;对职工进行了保密的约束,在客观上已经采取相应的保密措施。所以软件公司享有商业秘密权。

商标权、专利权不能自动取得,申请人必须履行商标法、专利法规定的申请手续,向国家行政部门提交必要的申请文件,申请获准后即可取得相应权利。获准注册的商标通常称为注册商标。

参考答案

(33) A

试题(34)

在统一建模语言(UML)中,__(34)__给出了系统内从一个活动到另一个活动的流程,它强调对象间的控制流程。

(34) A. 对象图　　　　B. 活动图　　　　C. 协作图　　　　D. 序列图

试题(34)分析

本题考查 UML 图的使用场景。

协作图强调收发消息的对象之间的结构组织;序列图描述了在一个用例或操作的执行过程中以时间顺序组织的对象之间的交互活动;对象图展现了一组对象及它们之间的关系,描述了在类图中所建立的事物的实例的静态快照;活动图是一种特殊的状态图,展现了在系统内从一个活动到另一个活动的流程,活动图专注于系统的动态视图,它对于系统的功能建模特别重要,并强调对象间的控制流程。

参考答案

(34) B

试题(35)

假设某公司业务的用例模型中,"检验"用例需要等到"生产"用例执行之后才能执行,这两个用例之间的关系属于__(35)__关系。

(35) A. 关联　　　　B. 扩展　　　　C. 依赖　　　　D. 使用

试题(35)分析

本题考查用例建模中用例之间的基本关系。

用例执行有先后顺序,是一种在时间上的依赖关系。在使用用例建模系统需求时,两个或多个用例可能执行同样的功能步骤。把这些公共步骤提取成独立的用例,称为抽象用例。抽象用例代表了某种程度的复用,是降低用例之间冗余比较好的方式。抽象用例可以被另一个需要使用它的功能用例访问,抽象用例和使用它的用例之间的关系称为使用关系。

参考答案

(35) C

试题（36）

___（36）___ 是面向对象方法中最基本的封装单元，它可以把客户要使用的方法和数据呈现给外部世界，而把客户不需要知道的方法和数据隐藏起来。

（36）A．属性　　　　B．方法　　　　C．类　　　　D．过程

试题（36）分析

本题考查面向对象中类的基本概念。

面向对象中最重要的概念就是类，它是面向对象方法中最基本的封装单元，决定了现实世界中实体的数据和方法，以及数据和方法是否对外界暴露，即它可以把客户要使用的方法和数据呈现给外部世界，而把客户不需要知道的方法和数据隐藏起来。

参考答案

（36）C

试题（37）

某地方税务局要上线一套新的税务系统，在上线初期，为实现平稳过渡，新老系统同时运行一个月后再撤掉老系统，这种系统转换方式属于 ___（37）___ 。

（37）A．直接转换　　　　　　B．并行转换
　　　C．分段转换　　　　　　D．串行转换

试题（37）分析

本题考查新旧系统转换方式的相关知识。

新旧系统之间有三种转换方式：直接转换、并行转换和分段转换。其中，直接转换是在确定新系统试运行正常后，启用新系统的同时终止旧系统；并行转换是新旧系统并行工作一段时间，经过足够的时间考验后，新系统正式代替旧系统；分段转换则是用新系统一部分一部分地替换旧系统。

本题中新旧系统并行运行一个月再用新系统完全代替旧系统，属于并行转换，应选择选项B。

参考答案

（37）B

试题（38）

某电商企业使用信息系统来优化物流配送，该系统使用了一些人工智能算法，那么该系统应该是 ___（38）___ 。

（38）A．面向作业处理的系统　　　　B．面向管理控制的系统
　　　C．面向决策计划的系统　　　　D．面向数据汇总的系统

试题（38）分析

本题考查信息系统类型知识。

根据信息服务对象的不同，企业的信息系统可以分为三类：面向作业处理的系统、面向管理控制的系统和面向决策计划的系统。其中，面向作业处理的系统用于支持业务处理自动化；面向管理控制的系统辅助企业管理、实现管理自动化；面向决策计划的系统用于决策支持、企业竞争策略支持及专家系统支持。

本题中物流优化系统模拟专家决策，属于面向决策计划的系统，因此选项 C 正确。

参考答案

（38）C

试题（39）

以下不属于信息系统硬件结构的是__（39）__。

（39）A．集中式　　　　B．环式　　　　C．分布式　　　　D．分布-集中式

试题（39）分析

本题考查信息系统硬件结构知识。

信息系统的硬件结构是指系统的硬件、软件、数据等资源在空间的分布情况，一般有三种类型：集中式、分布式和分布-集中式。

环式不属于信息系统硬件结构，本题选择选项 B。

参考答案

（39）B

试题（40）

信息系统的组成包括__（40）__。

①计算机硬件系统和软件系统　　②数据及其存储介质　　③通信系统

④非计算机系统的信息收集、处理设备　　⑤规章制度和工作人员

（40）A．①②　　　B．①②③　　　C．①②③④　　　D．①②③④⑤

试题（40）分析

本题考查信息系统组成的基本概念。

信息系统对整个组织的信息资源进行综合管理、合理配置与有效利用。其组成包括七大部分：计算机硬件系统、计算机软件系统、数据及其存储介质、通信系统、非计算机系统的信息收集和处理设备、规章制度及工作人员。

参考答案

（40）D

试题（41）

以下不属于信息系统开发方法的是__（41）__。

（41）A．结构化分析与设计法　　　　B．面向对象分析与设计法

　　　C．边写边改法　　　　　　　　D．原型法

试题（41）分析

本题考查信息系统开发方法的基础知识。

常见的信息系统开发方法包括结构化分析与设计法、面向对象分析与设计法及原型法。

不存在边写边改这种开发方法，本题选择选项 C。

参考答案

（41）C

试题（42）

以下关于信息系统项目管理的说法中，不正确的是__（42）__。

(42) A. 项目管理需要专门的组织
　　　B. 项目管理具有创造性
　　　C. 项目负责人在管理中起重要作用
　　　D. 项目管理工作相对简单

试题（42）分析

本题考查信息系统项目管理知识。

项目管理是指项目的管理者在有限的资源约束下，运用系统的观点、方法和理论，对项目涉及的全部工作进行有效地管理。项目进行中出现的问题往往涉及多个组织部门，为要求这些部门做出迅速而又相互关联的反应，需要建立专门的组织来进行沟通协调；项目是实现创新的事业，项目管理也就是实现创新的管理，因此项目管理也需要有创造性；项目管理的主要方式就是把一个时间有限、预算有限的事业委托给项目负责人，项目负责人有权独立进行计划、资源分析、协调和控制，因此项目负责人在管理中起重要作用；一个项目由多个部分组成，工作跨越多个组织和学科，而且项目执行中涉及多个因素，每个因素都可能有不确定性，因此项目管理是一项复杂的工作。

参考答案

（42）D

试题（43）

以下关于项目的说法中，不正确的是___(43)___。

(43) A. 项目具有明确的目标　　　　B. 项目的组织结构是封闭的
　　　C. 项目的生命期有限　　　　　D. 项目具有不确定性

试题（43）分析

本题考查项目的基本概念。

所谓项目，是指在既定的资源和要求约束下，为实现某种目的而相互联系的一次性工作任务。项目的基本特征包括：明确的目标，独特的性质，有限的生命周期，特定的委托人，实施的一次性，组织的临时性和开放性，项目的不确定性和风险性，结果的不可逆转性。

根据以上描述，项目的组织结构是开放的，选项 B 的说法错误。

参考答案

（43）B

试题（44）

以下不属于信息系统项目管理工具的是___(44)___。

(44) A. Microsoft Project　　　　　B. PHP
　　　C. P3E　　　　　　　　　　　D. ClearQuest

试题（44）分析

本题考查信息系统开发中的管理工具。

Microsoft Project 是微软的项目管理工具，能针对时间、成本、人力、风险及沟通进行管理；P3E 是 Primavera 公司的企业集成项目管理工具，支持企业按多重属性对项目进行任意层次化的组织；ClearQuest 是 IBM Rational 提供的缺陷及变更管理工具，它对软件缺陷或功能特性等任务记录提供跟踪管理。
　　PHP 是一种开发语言，不属于项目管理工具。

参考答案
　　（44）B

试题（45）
　　以下不属于数据流图基本符号的是　（45）　。
　　（45）A．数据存储　　　B．处理　　　　C．数据流　　　　D．条件判断

试题（45）分析
　　本题考查数据流图的基本概念。
　　数据流图有 4 个基本符号：外部实体、数据流、数据存储和处理逻辑。
　　条件判断不是数据流图的符号。

参考答案
　　（45）D

试题（46）
　　系统说明书应达到的要求包括　（46）　。
　　①全面　　　②系统　　　③准确　　　④翔实　　　⑤清晰　　　⑥重复
　　（46）A．①②③　　B．①②③④　　C．①②③④⑤　　D．①②③④⑤⑥

试题（46）分析
　　本题考查系统说明书的基本概念。
　　系统说明书是系统分析阶段工作的全面总结，是整个开发阶段最重要的文档之一。系统说明书应达到的基本要求是：全面、系统、准确、翔实、清晰地表达系统开发的目标、任务和功能。
　　重复不属于系统说明书应达到的要求。

参考答案
　　（46）C

试题（47）
　　以下关于数据流图的说法中不正确的是　（47）　。
　　（47）A．数据流图是分层的，需要自顶向下逐层扩展
　　　　　B．数据流图中的符号要布局合理，分布均匀
　　　　　C．数据流图要反映数据处理的技术过程和处理方式
　　　　　D．数据流图绘制过程中要与用户密切接触，不断修改

试题（47）分析
　　本题考查数据流图知识。
　　一个实际的信息系统往往是庞大复杂的，可能有成百上千个数据加工，很难用几张数据流图描述出整个系统的逻辑，必须要自顶向下逐层扩展；为了便于交流，让读者一目了然，数据流图的符号要布局合理，分布均匀，比如一般把作为数据输入的外部项放在左边，把作为数据输出的外部项放在右边；数据流图是一种需求分析工具，用于与用户之间的需求交流，

不需要反映具体的技术过程和处理方式；在数据流图绘制过程中，为避免理解上的错误或者偏差，必须要与用户密切接触，不断修改。

参考答案

（47）C

试题（48）

以下不属于系统详细设计的是__（48）__。

（48）A．数据库设计　　　　　　　B．输入输出设计
　　　C．处理过程设计　　　　　　D．模块化结构设计

试题（48）分析

本题考查系统详细设计的基本概念。

系统的详细设计包括代码设计、数据库设计、输入设计、输出设计、用户接口界面设计及处理过程设计。

模块化结构设计属于总体设计的范畴。

参考答案

（48）D

试题（49）

以下关于功能模块设计原则的说法中，不正确的是__（49）__。

（49）A．系统分解要有层次　　　　B．模块大小要适中
　　　C．适度控制模块的扇入扇出　D．要有大量重复的数据冗余

试题（49）分析

本题考查对功能模块设计原则的理解。

功能模块设计最主要的原则就是高内聚，低耦合。此外，系统分解要有层次，系统深度和宽度比例要适宜，模块的大小要适中，模块的扇入扇出要适度，数据冗余要小。

综上，要有大量重复的数据冗余说法错误。

参考答案

（49）D

试题（50）

以下关于聚合的说法中正确的是__（50）__。

（50）A．偶然聚合耦合程度低，可修改性好
　　　B．逻辑聚合耦合程度高，可修改性差
　　　C．顺序聚合耦合程度高，可修改性好
　　　D．功能聚合耦合程度高，可修改性差

试题（50）分析

本题考查对聚合的理解。

聚合形式包括偶然聚合、逻辑聚合、时间聚合、过程聚合、通信聚合、顺序聚合及功能聚合。其中，偶然聚合和逻辑聚合耦合程度高，可修改性差；顺序聚合和功能聚合耦合程度低，可修改性好。

参考答案
　　(50) B

试题 (51)
　　以下与程序设计风格无关的是 __(51)__ 。
　　(51) A. 代码的正确性　　　　　　B. 标识符的命名
　　　　　C. 代码中的注释　　　　　　D. 代码的布局格式

试题 (51) 分析
　　本题考查对程序设计风格的理解。
　　程序设计风格指编程时所表现出来的特点、习惯、逻辑思路等。在程序设计中要使程序结构合理、清晰，形成良好的编程习惯，对程序的要求是不仅可以在机器上执行，给出正确的结果，而且要便于程序的调试和维护，这就要求编写的程序不仅自己看得懂，而且也要让别人能看懂。程序设计风格包括：标识符的命名、程序中的注释、程序的布局格式、程序语句的结构、输入和输出、程序的运行效率等。
　　代码的正确性与程序设计风格无关。

参考答案
　　(51) A

试题 (52)
　　完整的软件测试需要经过 __(52)__ 。
　　(52) A. 白盒测试、黑盒测试两个步骤
　　　　　B. 人工测试、机器测试两个步骤
　　　　　C. 静态测试、动态测试两个步骤
　　　　　D. 单元测试、组装测试、确认测试和系统测试四个步骤

试题 (52) 分析
　　本题考查软件测试过程的基本概念。
　　按测试阶段来看，软件测试过程分为单元测试、组装测试、确认测试和系统测试四个步骤。白盒测试和黑盒测试、人工测试和机器测试、静态测试和动态测试都属于测试方法和技术，不是测试过程中的某个阶段或步骤。

参考答案
　　(52) D

试题 (53)
　　以下不属于黑盒测试方法的是 __(53)__ 。
　　(53) A. 等价类划分法　　　　　　B. 边界值分析法
　　　　　C. 因果图法　　　　　　　　D. 路径覆盖法

试题 (53) 分析
　　本题考查黑盒测试方法的基本概念。
　　常见的黑盒测试方法包括等价类划分法、边界值分析法、因果图法、决策表法、错误推测法等。而路径覆盖法是对程序中可执行路径进行覆盖测试的一种方法，属于白盒测试的范畴。

参考答案
　　（53）D

试题（54）
　　信息安全已经引起了广泛重视，统计数据表明，一个企业的信息安全问题往往是从企业内部出现的，特别是用户身份的盗用，往往会造成重要数据的泄漏或损坏。因此用户身份的管理是一个主要问题，解决这类问题的重要途径是采用统一用户管理，这样做的收益很多，下面不属于此类收益的是　（54）　。
　　（54）A．用户使用更加方便　　　　B．安全控制力度得到加强
　　　　　C．检索查询速度更快　　　　D．减轻管理人员的负担

试题（54）分析
　　本题考查信息系统管理知识。
　　统一用户管理的收益有以下四个方面：第一，用户使用更加方便；第二，安全控制力度得到加强；第三，减轻管理人员的负担；第四，安全性得到提高。综上所述，可以看出检索查询速度更快不在收益之列。

参考答案
　　（54）C

试题（55）
　　系统成本管理范围大致分成两类，即固定成本和可变成本。其中可变成本是指日常发生的与形成有形资产无关的成本，下面所列各项中，不属于固定成本的是　（55）　。
　　（55）A．运行成本　　　　　　　　B．建筑费用及场所成本
　　　　　C．人力资源成本　　　　　　D．外包服务成本

试题（55）分析
　　本题考查信息系统管理中系统管理成本范围的知识。
　　企业信息系统的固定成本，也叫作初始成本项，是为购置长期使用的资产而发生的成本。其主要包含以下几个方面：建筑费用及场所成本、人力资源成本和外包服务成本。
　　运行成本属于可变成本，不属于固定成本范畴。

参考答案
　　（55）A

试题（56）
　　IT服务计费管理是负责向使用IT服务的客户收取相应费用的流程，它是IT财务管理中的重要环节，常见的计费定价方法有多种，当其表达成"IT服务价格=IT服务成本+X%"时，应属于　（56）　。
　　（56）A．成本加成定价法　　　　　B．现行价格法
　　　　　C．市场价格法　　　　　　　D．固定价格法

试题（56）分析
　　本题考查信息系统管理中计费管理的相关知识。
　　常见的定价方法有：成本法、成本加成定价法、现行价格法、市场价格法、固定价格法。

其中成本加成定价法表示成：IT 服务价格=IT 服务成本+X%，X%是加成比例。该方法适用于大型的专用服务项目，可有效保护服务提供者的利益。

参考答案
（56）A

试题（57）
IT 资源管理能否满足要求主要取决于 IT 基础架构的配置及运行情况的信息，配置管理就是专门提供这方面信息的流程。配置管理作为一个控制中心，其主要目标表现在四个方面，下面___(57)___不在这四个方面之列。

（57）A．计量所有 IT 资产
B．作为故障管理、变更管理和新系统转换等的基础
C．为其他 IT 系统管理提供硬件支持
D．验证基础架构记录的正确性并纠正发现的错误

试题（57）分析
本题考查信息系统资源管理涉及的配置管理概念。
配置管理中，最基本的信息单元是配置项，所有的配置项信息被存放在配置数据库中，配置数据库需要根据变更实施情况不断地更新，确保 IT 基础架构的现时配置情况及配置项之间的相互关系。
综上所述，配置管理作为一个控制中心，主要为其他 IT 系统管理提供准确信息而非硬件支持。

参考答案
（57）C

试题（58）
在资源管理中，楼宇管理属于___(58)___。

（58）A．硬件管理　　　　　　　　B．软件管理
C．设施和设备管理　　　　　　D．网络资源管理

试题（58）分析
本题考查信息系统资源管理涉及的设施和设备管理的分类知识。
设施和设备管理主要包括：电源设备管理、空调设备管理、通信应急设备管理、楼宇管理、防护设备管理等。其中，楼宇管理是指建筑管理及设备管理、运行与维护等。

参考答案
（58）C

试题（59）
据权威市场调查机构 Gartner Group 对造成非计划宕机的故障原因分析发现，造成非计划宕机的故障分成三类，下面___(59)___不属于它定义的此三类。

（59）A．技术性故障　　　　　　　B．应用性故障
C．操作故障　　　　　　　　　D．地震等灾害性故障

试题（59）分析

本题考查对故障和问题管理中的故障分类方法的理解。

故障原因的分类按照美国权威市场调查机构对造成非计划宕机的故障原因分析发现，主要分为三大类：技术性故障、应用性故障、操作故障。自然灾害性故障包含在扩展后的 7 类分类中，题目要求的是根据 Gartner Group 的故障分类。

参考答案

（59）D

试题（60）

在对问题控制与管理中，问题的控制过程中常用到调查分析，其分析方法主要有四种，这四种分析方法正确的是 __(60)__ 。

(60) A．Kepner&Tregoe 法、鱼骨图法、头脑风暴法和数据流图法
　　　B．Kepner&Tregoe 法、鱼骨图法、头脑风暴法和流程图法
　　　C．Kepner&Tregoe 法、鱼骨图法、头脑风暴法和程序图法
　　　D．Kepner&Tregoe 法、鱼骨图法、头脑风暴法和 CAD 图法

试题（60）分析

本题考查对故障和问题管理中涉及的问题控制与管理分析方法的理解。

问题调查和分析过程需要详细的数据。在对问题的控制管理过程中常用到的问题分析方法有 Kepner&Tregoe 法、鱼骨图法、头脑风暴法和流程图法。其中：Kepner&Tregoe 法认为解决问题是一个系统的过程，应该最大程度上利用已有的知识和经验；鱼骨图法分析中认为"结果"是指故障或者问题现象，"因素"是指导致问题现象的原因，将系统或服务的故障或者问题作为"结果"、以导致系统发生失效的因素作为"原因"绘出图形，进而通过图形分析从错综复杂、多种多样的因素中找出导致问题出现的主要原因；头脑风暴法是一种激发个人创造性思维的方法，通过明确问题、原因分类和获得解决问题的创新性方案提出所有可能的原因进行分析；流程图法通过梳理系统服务的流程和业务运营的流程，关注各个服务和业务环节交接可能出现异常的地方，分析问题的原因所在。

参考答案

（60）B

试题（61）

在安全管理中，备份是很重要的一种手段，下面选项中，__(61)__ 不属于安全备份策略。

(61) A．完全备份　　B．增量备份　　C．差异备份　　D．磁带备份

试题（61）分析

本题考查对安全管理中的备份策略的理解。

备份应有适当的实体及环境保护。并定期进行测试以保证关键时刻的可用性。现在常采用的安全备份策略有：完全备份、增量备份、差异备份。因为题目要求的是备份策略，不涉及具体介质。

参考答案

（61）D

试题（62）

运行管理是过程管理，是实现全网安全和动态安全的关键。运行管理中的终端管理包含三个主要模块，下面所列不属于这三个模块的是 __(62)__ 。

(62) A．事件管理　　B．客户管理　　C．配置管理　　D．软件分发

试题（62）分析

本题考查对安全管理中的终端管理内容的理解。

终端管理的目的是增强对用户管理的有效性；提高终端用户的满意度；降低系统运营管理成本；提高企业竞争力。终端管理主要包括：事件管理、配置管理、软件分发，不涉及客户人员管理。

参考答案

(62) B

试题（63）

计算机系统性能评价技术是按照一定步骤，选用一定的度量项目，通过建模和实验，对计算机的性能进行测试并对测试结果作出解释的技术。计算机系统工作能力的常用评价指标主要有三类，下面 __(63)__ 不属于这三类指标。

(63) A．系统响应时间　　　　　　B．系统吞吐率
　　　C．资源利用率　　　　　　　D．系统输出率

试题（63）分析

本题考查对性能及能力管理中涉及的计算机系统性能评价指标的理解。

反应计算机系统负载和工作能力的主要指标有：系统响应时间，指计算机系统完成某一任务所花费的时间；系统吞吐量，指在给定时间内系统处理的工作量，是系统生产力的度量标准；资源利用率指标是指以系统资源处于忙状态的时间为度量标准。计算机系统工作能力评价指标中未设置系统输出率这样的指标。

参考答案

(63) D

试题（64）

持续性能评价中的 __(64)__ 是指把 n 个程序组成的工作负荷中每个程序执行的速率（或执行所费时间的倒数）加起来，求其对 n 个程序的平均值。

(64) A．几何性能平均值　　　　　　B．调和性能平均值
　　　C．峰值性能平均值　　　　　　D．算术性能平均值

试题（64）分析

本题考查对性能及能力管理中涉及的评价结果统计和比较方法的理解。

性能评价的结果通常有两个指标：一个是峰值性能，一个是持续性能。其中持续性能最能体现系统的实际性能。表示持续性能常用的三种平均值是算术平均 A_m、几何平均 G_m 和调和平均 H_m。算术性能平均值 A_m 是指把 n 个程序组成的工作负荷中每个程序执行的速率（或执行所费时间的倒数）加起来，求其对 n 个程序的平均值；几何平均 G_m 是各个程序的执行速率连续相乘再开 n 次方；调和平均 H_m 是算出各个程序执行速率倒数（即执行时间）和的

平均值的倒数。

参考答案

（64）D

试题（65）

根据系统运行的不同阶段可以实施4种不同级别的维护。当提供最完美的支持，配备足够数量的工作人员，提供随时对服务请求进行响应的速度，并针对系统运转的情况提出前瞻性建议时，这种维护属于__（65）__。

（65）A．一级维护　　B．二级维护　　C．三级维护　　D．四级维护

试题（65）分析

本题考查对不同维护项目级别所应完成的维护任务的理解。

系统运行的不同阶段可以实施不同级别的维护，试运行或软件大面积推广状态的项目，阶段时间可能存在问题较多且可能严重影响用户日常工作，一般要求最高级别的维护，即需要提供最完美的支持，配备足够数量的工作人员，提供随时对服务请求进行响应的速度，并针对系统运转的情况提出前瞻性建议时，这种维护属于一级维护。

参考答案

（65）A

试题（66）

制订系统运行计划之前，工作小组成员要先了解单位现有软、硬件和所有工作人员的技术水平及其对旧系统的熟悉情况，并充分学习和掌握新系统的功能和特性，结合本单位的实际情况制订新系统的运行计划。下列选项中，__（66）__不应在计划内容之列。

（66）A．运行开始的时间　　　　　B．运行周期
　　　C．开发小组人员的安排　　　D．运行管理制度

试题（66）分析

本题考查对制订系统运行计划的工作内容的理解。

系统运行计划的内容包括：运行开始的时间、运行周期、运行环境、运行管理的组织机构、系统数据的管理、运行管理制度、系统运行结果分析等，它不涉及开发小组人员的安排。

参考答案

（66）C

试题（67）

系统评价就是对系统运行一段时间后的技术性能及经济效益等方面的评价，是对信息系统审计工作的延伸。信息系统的技术性能评价内容不包括对__（67）__的评价。

（67）A．开发小组成员的技术水平　　B．系统的总体技术水平
　　　C．系统的功能覆盖范围　　　　D．系统文档资料的规范、完备与正确程度

试题（67）分析

本题考查对信息系统评价中涉及的技术性能评价内容的理解。

信息系统技术性能评价内容主要包括以下几个方面：系统的总体技术水平、系统的功能覆盖范围、信息资源开发和利用的范围和深度、系统质量、系统安全性、系统文档资料的规

范完备与正确程度。它不涉及对开发小组成员的技术水平的评价。

参考答案

（67）A

试题（68）

系统运行质量评价是指从系统实际运行的角度对系统性能和建设质量等进行的分析、评估和审计。针对系统的质量评价，下列说法中，不正确的是 （68） 。

（68）A．系统是否满足了用户和管理业务对信息系统的需求

B．系统的开发过程是否规范

C．系统实施前业务人员技术水平评估

D．系统功能的先进性、有效性和完备性

试题（68）分析

本题考查对信息系统评价中的运行质量评价指标的理解。

系统运行质量评价的关键是要定出质量的指标及评定优劣的标准，对管理信息系统可以定出如下质量评价的特征和指标：系统对用户和业务需求的相对满意程度；系统开发过程是否规范；系统功能的先进性、有效性和完备性；系统的性能、成本、效益综合比；系统运行结果的有效性和可行性；结果是否完整；信息资源的利用率；提供信息的质量如何；系统实用性等。并不涉及系统实施前业务人员技术水平的评估。

参考答案

（68）C

试题（69）

一般来说，用户支持应该首先确定用户支持的范围。下列说法中， （69） 不包括在通常用户支持的范围之列。

（69）A．软件升级服务　　　　　　B．软件技术支持服务

C．远程热线支持服务　　　　D．软件终身跨平台操作

试题（69）分析

本题考查对系统用户支持所包括内容的理解。

系统用户支持应该明确用户支持的服务范围及支持方式，提供客户满意的用户支持。信息系统中软件产品用户支持包括：软件升级服务；软件技术支持服务；远程热线支持服务；全面维护支持服务；用户教育培训服务；提供帮助服务台，解决客户常见问题。

参考答案

（69）D

试题（70）

关于帮助服务台的职能，不正确的说法是 （70） 。

（70）A．及时发现系统运行中的错误

B．接受客户请求（电话、传真、电子邮件等）

C．记录并跟踪事故和客户意见

D．及时通知客户其请求的当前状况和最新进展

试题（70）分析

本题考查对系统用户支持所涉及的帮助服务台的职能的理解。

服务台，即通常所指的帮助台和呼叫中心。其主要职能是：接受客户请求；记录并跟踪事故和客户意见；通知客户其请求的当前状况和最新进展；根据服务级别协议，评估客户请求；根据服务级别协议，监督规章制度的执行情况；对客户请求从提出到验证、终止的整个过程管理；调整服务级别时与客户沟通；协调二线支持人员和第三方支持小组；提供管理方面的信息建议及改进服务绩效；发现 IT 服务运营过程中产生的问题；发现客户培训和教育方面的需求；终止事故并与客户一起确认事故的解决情况等。

参考答案

（70）A

试题（71）～（75）

Murphy's Law suggests, "If anything can go wrong, it will." Murphy has motivated numerous pearls of wisdom about projects, machines, people, and why things go wrong.

A project is a (temporary) sequence of unique, complex, and connected　(71)　having one goal or purpose and that must be completed by a specific time, within budget, and according to　(72)　. Project management is the　(73)　of scoping, planning, staffing, organizing, directing, and controlling the development of an acceptable information system at a minimum cost within a specified time frame. Project management is a cross life cycle activity because it overlaps all phases of any systems development methodology.

For any systems development project, effective project management is necessary to ensure that the project meets the deadline, is developed within a (an)　(74)　budget, and fulfills customer expectations and specifications.

Corporate rightsizing has changed the structure and culture of most organizations, and hence, project management. More flexible and temporary interdepartmental (不同部门间的) teams that are given greater responsibility and authority for the success of organizations have replaced rigid hierarchical command structures and permanent teams. Contemporary system development methodologies depend on having teams that include both technical and nontechnical users, managers, and information technologists all directed to the project goal. These　(75)　teams require leadership and project management.

(71) A. activities　　　B. tasks　　　C. services　　　D. software
(72) A. document　　　B. order　　　C. specification　　D. authority
(73) A. process　　　B. activity　　　C. step　　　D. task
(74) A. predefined　　B. acceptable　　C. rigid　　　D. strict
(75) A. invariable　　B. fixed　　　C. permanent　　D. dynamic

参考译文

墨菲定律指出，"任何一件事如果会出错，它就一定会出错。"墨菲定律说明了项目、机器、人和事情为什么会出错。

项目是一个（临时的）唯一的、复杂的和关联的具有同一目标或目的，并且必须在一个特定时间里、在预算内、按照规格说明要求完成的活动的序列。项目管理是在指定时间内用最少的费用开发可接受的系统的管理过程，内容包括确定范围、计划、人员安排、组织、指导和控制。

对于任何系统开发项目来说，为了确保项目满足最后期限，在一个可接受的预算内开发，并实现客户的预期和要求，有效的项目管理是必需的。

公司重组改变了大多数组织的结构和文化，同时也改变了项目管理的方式。更灵活的和临时的多部门团队对组织的成功负有很大的责任和权利，他们已经代替了严格的层次式命令结构和永久的团队。现代的系统开发方法学依赖于具有一支由技术性的和非技术性的用户、管理人员、信息技术专家构成的项目团队，团队成员都面向同样的项目目标。这种动态的团队需要领导和项目管理。

参考答案

（71）A （72）C （73）A （74）B （75）D

第2章 2016上半年信息系统管理工程师下午试题分析与解答

试题一（共15分）

阅读下列说明，回答问题1至问题4，将解答填入答题纸的对应栏内。

【说明】

某企业拟开发一套员工技能培训管理系统，该系统的部分功能及初步需求分析的结果如下所述。

1. 部门信息包括：部门号、名称、负责人号、电话。其中部门号唯一标识部门关系中的每个元组；一个部门有多名员工，但一名员工只对应一个部门。

2. 员工信息包括：员工号、姓名、岗位、部门号、电话、联系方式。其中员工号唯一标识员工关系中的每个元组；属性岗位有新入职员工、培训师、其他等。新入职员工至少要选择三门以上的课程进行培训，并取得课程成绩；一名培训师可以讲授多门课程，一门课程可以由多名培训师讲授。

3. 课程信息包括：课程号、课程名称、学时。课程号唯一确定课程关系的每个元组。

【概念模型设计】

根据需求阶段收集的信息，设计的实体联系图如图1-1所示。

图1-1 实体联系图

【关系模式设计】

部门（部门号,名称,__(1)__,电话）

员工（员工号,姓名,__(2)__,部门号,电话,__(3)__）

课程（__(4)__,课程名称,学时）

讲课（课程号,培训师号,培训地点）

培训（课程号,新入职员工号,成绩）

【问题1】（4分）

根据题意，将关系模式中的空（1）～（4）的属性补充完整，并填入答题纸对应的位置上。

【问题 2】(3 分)
在关系数据库中,两个实体集之间的联系类型分为三类:一对一(1:1)、一对多(1:n)和多对多(n:m)。根据题意,可以得出图 1-1 所示的实体联系图中三个联系的类型。请按以下描述确定联系类型并填入答题纸对应的位置上。

培训师与课程之间的"讲课"联系类型为__(5)__;
新入职员工与课程之间的"培训"联系类型为__(6)__;
部门与员工之间的"所属"联系类型为__(7)__。

【问题 3】(6 分)
若关系 R 中的某一属性或属性组的值能唯一标识一个元组,则称该属性或属性组为主键;若关系 R 中的属性或属性组非该关系的主键,但它是其他关系的主键,那么该属性组对关系 R 而言称为外键。

部门关系的主键为__(8)__,部门关系的外键为__(9)__。
员工关系的主键为__(10)__,员工关系的外键为__(11)__。
讲课关系的主键为__(12)__、__(13)__。

【问题 4】(2 分)
请问"培训关系的主键为(课程号,新入职员工号)"的说法正确吗?为什么?

试题一分析

本题考查数据库系统中实体联系模型(E-R 模型)和关系模式设计方面的基础知识。

【问题 1】
根据题意部门信息包括部门号、名称、负责人号、电话。故部门关系模式中的空(1)应填写"负责人号"。

根据题意员工信息包括员工号、姓名、岗位、部门号、电话、联系方式。故员工关系模式中,空(2)应填写"岗位",空(3)应填写"联系方式"。

根据题意课程信息包括课程号、课程名称、学时,所以空(4)应填写"课程号"。

【问题 2】
两个实体集之间的联系类型分为三类:一对一(1:1)联系、一对多(1:n)联系和多对多(n:m)联系。

由于一名培训师可以讲授多门课程,一门课程可以由多名培训师讲授。故课程与培训师之间的"讲课"联系类型为 n:m(或*:*)。

由于新入职员工至少需要选择三门以上的课程进行培训,意味着一门课程有多名员工选择培训,故课程与新入职员工之间的"培训"联系类型为 n:m(或*:*)。

由于一个部门有多名员工,但一名员工只对应一个部门。故部门与员工之间的"所属"联系类型为 1:n(或 1:*)。

根据上述分析,完善图 1-1 所示的实体联系图,如图 1-2 所示。

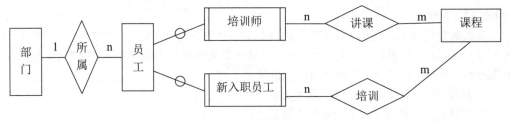

图 1-2 完善的实体联系图

【问题 3】
部门号唯一标识部门关系中的每个元组,部门关系的主键为部门号。又因为负责人号应参照员工关系的员工号,而员工号是员工关系的主键,故部门关系的外键为负责人号。

员工号唯一标识员工关系中的每个元组,员工关系的主键为员工号。又因为部门号应参照部门关系的部门号,而部门号是部门关系的主键,故员工关系的外键为部门号。

因为(课程号,培训师号)唯一确定讲课关系的每个元组,所以讲课关系的主键为(课程号,培训师号)。

【问题 4】
"培训关系的主键为(课程号,新入职员工号)"的说法是正确的。因为,培训是多对多(n:m)联系,所以必须建立一个独立的关系模式,其主键应由课程和员工关系的主键及联系的属性组成。

参考答案
【问题 1】
(1)负责人号
(2)岗位
(3)联系方式
(4)课程号

【问题 2】
(5)n:m(或*:*)
(6)n:m(或*:*)
(7)1:n(或 1:*)

【问题 3】
(8)部门号
(9)负责人号
(10)员工号
(11)部门号
(12)课程号
(13)培训师号

【问题 4】
正确。多对多(n:m)联系,必须建立一个独立的关系模式,该关系模式的主键由两端的主键的属性组成。

试题二（共 15 分）

阅读以下说明，回答问题 1 至问题 3，将答案填入答题纸的对应栏内。

【说明】

M 公司为了突出办公的时效性、灵活性、实用性（易用性），拟开发一套集办公与服务为一体的 OA（办公自动化）系统。张工通过前期的需求调查与分析认为：根据 M 公司的业务流，其 OA 系统功能设计主要包括文档管理、公告管理、综合统计、短信服务和后台管理五个子系统。张工绘出的 M 公司 OA 系统功能结构图如图 2-1 所示。

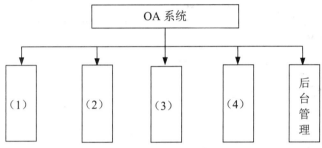

图 2-1　OA 系统功能结构图

【问题 1】（6 分）

请将图 2-1 中的空（1）～（4）的功能补充完整，并填入答题纸对应的位置上。

【问题 2】（6 分）

张工主要参与了后台管理、短信服务和（a）三个子系统中的部分模块的研发工作，如表 2-1 所示。

表 2-1　张工承担的研发工作

子系统 模块	（a）	短信服务	后台管理
文档起草	√	×	×
角色权限管理			
短信提醒			
文档审批			
文档返回			
数据库维护			

（1）请将空（a）是什么子系统填入答题纸对应的位置上。

（2）请在表 2-1 中确定张工参与研发的三个子系统对应的模块，并在对应的位置上打钩或打叉。例如，文档起草属于（a），不属于短信服务和后台管理，则在表中（a）对应的位置上打钩，并在短信服务和后台管理位置上打叉，如表 2-1 所示。

【问题 3】（3 分）

用户登录系统设计要求：当用户登录系统时，需要输入用户名和密码，若用户存在并且密码正确,则验证结束;若用户不存在或密码不正确,则显示用户名或密码错,然后判断登录次数是否小于 3 次,若是则继续输入用户名和密码,否则显示登录失败信息。

根据用户登录系统的设计要求,设计的系统登录流程(不完整)如图 2-2 所示。

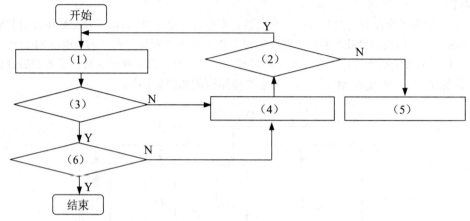

图 2-2　系统登录流程

请在如下备选答案 A～F 中,选择最合适的一项填入图 2-2 中的空(1)～(6)处。
注:每个选项只能选 1 次。
(1)～(6)的备选答案:
  A.用户是否存在?　　　　　　B.输入用户名和密码
  C.显示登录失败　　　　　　　D.登录次数<3?
  E.密码是否正确?　　　　　　F.显示用户名或密码错

试题二分析
本题重点考查信息系统开发过程中的相关知识及应用。

【问题 1】
信息管理系统功能结构图是从技术的角度表示信息管理系统在不同层次上的各种功能的一种形式。在信息系统开发过程中首先进行总体规划,划分出子系统,确定出各子系统的功能及其相互之间的联系,然后再逐步予以实现,其中子系统之间的联系是为了实现信息共享,发挥信息资源的重要作用。依据题干可得出如图 2-3 所示的信息系统功能结构图。

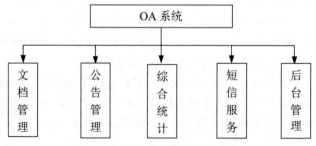

图 2-3　完善的 OA 系统功能结构图

【问题 2】

不同企业或单位根据业务流不同，对 OA 系统的要求也不同。一般情况下，OA 系统各子系统的功能应包括如下内容。

后台管理子系统的主要功能包括下属机构和人员信息、各级管理员的身份和角色权限、数据库信息维护等。

文档管理子系统的主要功能包括文档起草、文档审批、文档返回修订、文档下发等。

公告管理子系统的主要功能主要包括公告浏览、公告信息增加、公告信息修改、公告信息删除等。

综合统计子系统的主要功能包括用户对未完成和已完成工作任务的查询、各下属机构任务完成得分查询及得分排名等。

短信服务子系统的主要功能包括短信编写、短信发送（群发）、短信提醒（对任务执行人进行短信提醒和催办）等。

根据题意，张工主要承担的研发工作如表 2-2 所示。

表 2-2　完善的张工承担的研发工作

子系统 模块	文档管理	短信服务	后台管理
文档起草	√	×	×
角色权限管理	×	×	√
短信提醒	×	√	×
文档审批	√	×	×
文档返回	√	×	×
数据库维护	×	×	√

【问题 3】

根据题意，完整的系统登录流程如图 2-4 所示，具体分析略。

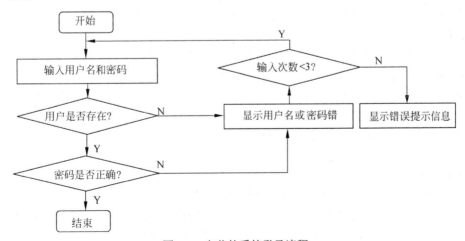

图 2-4　完善的系统登录流程

参考答案

【问题 1】

（1）文档管理

（2）公告管理

（3）综合统计

（4）短信服务

【问题 2】

（1）（a）文档管理

（2）

子系统 模块	文 档 管 理	短 信 服 务	后 台 管 理
文档起草	√	×	×
角色权限管理	×	×	√
短信提醒	×	√	×
文档审批	√	×	×
文档返回	√	×	×
数据库维护	×	×	√

【问题 3】

（1）B

（2）D

（3）A

（4）F

（5）C

（6）E

试题三（共 15 分）

阅读以下说明，回答问题 1 至问题 3，将解答填入答题纸的对应栏内。

【说明】

信息安全是对信息、系统及使用、存储和传输信息的硬件进行保护。信息安全通常围绕信息的机密性、完整性和可用性来构建安全机制和防范安全风险。信息的机密性是指防止信息暴露给未经授权的人或系统，只确保具有权限的人或系统可以访问信息的特定集合。信息的完整性是指信息在利用、传输、存储等过程中不被篡改、丢失、缺损等，同时还指信息处理方法的正确性。信息的可用性是指信息及相关的信息资产在授权人需要的时候，可以立即获得。

【问题 1】（6 分）

访问控制决定了谁能访问系统、能访问系统的哪些资源和如何使用这些资源，目的是防止对信息系统资源的非授权访问和使用。请按防御型和探测型将下列 A～F 种访问控制手段进行归类：防御型访问控制手段包括___（1）___；探测型访问控制手段包括___（2）___。

（1）、（2）的备选答案：
　　A．双供电系统　　　　B．闭路监控　　　　C．职员雇佣手续
　　D．访问控制软件　　　E．日志审计　　　　F．安全知识培训

【问题2】（4分）
　　保密就是保证敏感信息不被非授权人知道。加密是指通过将信息编码而使得侵入者不能够阅读或理解的方法，目的是保护数据和信息。国家明确规定严格禁止直接使用国外的密码算法和安全产品，其主要原因有__(3)__和__(4)__两个方面。

（3）、（4）的备选答案：
　　A．目前这些密码算法和安全产品都有破译手段
　　B．国外的算法和产品中可能存在"后门"，要防止其在关键时刻危害我国安全
　　C．进口国外的算法和产品不利于我国自主研发和技术创新
　　D．密钥不可以无限期使用，需要定期更换。购买国外的加密算法和产品，会产生高昂的费用

【问题3】（5分）
　　任何信息系统都不可能避免天灾或者人祸，当事故发生时，要可以跟踪事故源、收集证据、恢复系统、保护数据。通常来说，高可用性的系统具有较强的容错能力，使得系统在排除了某些类型的故障后继续正常运行。
　　容错途径及说明如图3-1所示，请将正确的对应关系进行连线。

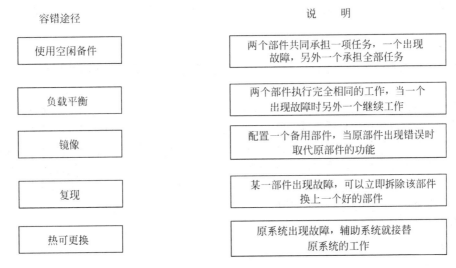

图3-1　容错途径及说明

试题三分析
　　本题考查信息系统安全防范的相关知识。
　　现代信息系统构架在计算机系统、通信及网络系统之上，因此信息系统的安全也要围绕这些方面来实施。信息安全是确保以电磁信号为主要形式的，在计算机网络化系统中进行获

取、处理、存储、传输和利用的信息内容，在各个物理位置、逻辑区域、存储和传输介质中，处于动态或者静态过程中的机密性、完整性、可用性、可审查性和抗抵赖性的，与人、网络、环境有关的技术和管理规程的有机集合。

【问题1】
　　访问控制是对信息系统资源进行保护的重要措施，理解访问控制的基本概念有助于信息系统的拥有者选择和使用访问控制手段对系统进行防护。信息安全中一般采用防御型、探测型、矫正型、管理型、技术型、操作型等六类访问控制手段。其中防御型访问控制手段主要用于阻止不良事件的发生。探测型访问控制手段用于探测已经发生的不良事件。矫正型访问控制手段用于矫正已经发生的不良事件。管理型访问控制手段用于管理系统的开发、维护和使用，包括针对系统的策略、规程、行为规范、个人的角色和义务、个人职能和人事安全决策。技术型访问控制手段是用于为信息技术系统和应用提供自动保护的硬件和软件控制手段，技术型访问控制手段应用于技术系统和应用中。操作型访问控制手段是用于保护操作系统和应用的日常规程和机制，它们主要涉及在人们（相对于系统）使用和操作中使用的安全方法，操作型访问控制手段影响系统和应用的环境。

【问题2】
　　我国政府明确规定严格禁止直接使用国外的密码算法和安全产品，这是由于：国外禁止出口密码算法和产品，所谓出口的安全的密码算法国外都有破译手段；担心国外的算法和产品中存在"后门"，关键时刻危害我国信息安全。1999年，国务院颁布商用密码管理条例，对密码的管理使用进行了具体规定。当前我国的信息安全系统由国家密码管理委员会统一管理。

【问题3】
　　容错不是指系统可以容忍任何一种故障，而是指系统在排除某些类型的故障后继续正常运行，具有高可用性的系统应该具有较强的容错能力。
　　提供容错的途径有：①使用空闲备件：配置一个备用部件，平时处于空闲状态，当原部件出现错误时则取代原部件的功能；②负载均衡：使用两个部件共同承担一项任务，当其中一个出现故障时，另外一个部件承担两个部件的全部负载；③镜像：两个部件执行完全相同的工作，当其中一个出现故障时，另外一个则继续工作；④复现：也称延迟镜像，即辅助系统从原系统接收数据存在延时；⑤热可更换：某一件部件出现故障，可以立即拆除该部件并换上一个好的部件，在这个过程中系统不中断运行。

参考答案
【问题1】
　　（1）ACDF
　　（2）BE
【问题2】
　　（3）A
　　（4）B

【问题 3】

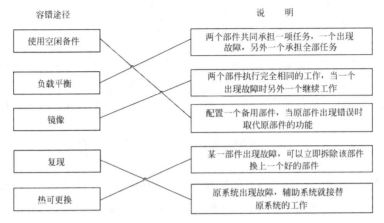

试题四（共 15 分）

阅读以下说明，回答问题 1 至问题 3，将解答填入答题纸的对应栏内。

【说明】

在信息系统的生命周期中，为了保证信息系统正常而可靠地运行，对系统进行评价，并能使系统不断得到改善和提高，通常企业需要设立专门的信息系统管理机构，负责系统的管理与维护。该机构在对信息系统进行维护时，通常要遵循一定的工作流程，建立相应的工作计划。

【问题 1】（6 分）

系统维护的工作流程如图 4-1 所示，请在如下备选答案 A～F 中选择最合适的一项填入空（1）～（6）处。

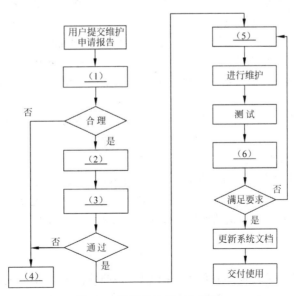

图 4-1 系统维护的工作流程

(1)～(6)的备选答案：
    A．制定维护计划　　　　B．编制维护报告　　　　C．提交管理部门审批
    D．维护要求评价　　　　E．撤销申请　　　　　　F．用户及管理部门审核

【问题2】（4分）
系统维护工作的对象是整个系统的配置，可以是系统功能的模块代码，也可以是系统开发过程中的开发文档。当业务处理出现问题或发生变化时，就要修改应用程序及相关文档。维护工作按照维护的具体目标可以分为完善性维护、适应性维护、纠错性维护和预防性维护四个方面。

（1）统一调查表明，__(a)__ 维护工作在所有维护工作中占有比例最高，大约占到全部维护工作的 __(b)__ %。

（2）如果某项维护工作是将现有的报表功能改成通用报表生成功能，以应付今后报表内容和格式可能的变化，那么这项维护工作属于 __(c)__ 维护。

【问题3】（5分）
简要说明信息系统的维护计划应该包括哪些方面。

试题四分析

本题考查信息系统维护的一般过程，系统的维护实施是信息系统可靠运行的重要技术保障，因此在信息系统的管理中必须予以重视。

此类题目要求考生具有一定的工作实践经验，并且在工作中能够遵守相应的工作流程，科学有序地进行信息系统的维护工作。

【问题1】

用户的维护申请应该以书面形式的"维护申请报告"向维护管理员提出，要明确维护属于哪种类型，是纠错性维护还是适应性或者完善性维护。维护人员根据用户提交的申请内容进行核评，若情况属实，则按照维护性质、内容、预计工作量、缓急程度或优先级及修改所产生的变化结果等，编制维护报告，并将其提交给维护管理部门审批。

维护管理部门从整个系统出发，从合理性和技术可行性两个方面进行审查，并对修改所产生的影响做充分的评估，对于不妥的维护要求要在与用户协商的条件下予以修改或者撤销。

通过审批的维护报告，由维护管理员根据具体的情况制订维护计划，对于不同的维护类型，选择不同的维护方案，维护计划应该包括：工作的范围、所需资源、确认的需求、维护费用、维修进度安排及验收标准等。

维护管理员将维护计划下达给维护人员，要建立维护监督的机制，确保系统的安全。维护工作完成以后要进行严格测试，验证维护工作的质量，待测试通过以后再由用户和管理部门进行审核确认，只有经过确认的维护成果才能对系统的相应文档进行更新，最后交付用户使用。

【问题2】

系统维护的重点是系统应用软件的维护工作，按照软件维护的不同性质划分为4种类型，即纠错性维护、适应性维护、完善性维护和预防性维护。根据各种维护工作分布情况统计，

一般纠错性维护占 21%，适应性维护占 25%，完善性维护达到 50%，而预防性维护及其他类型的维护仅占 4%。

系统维护工作不应总是被动地等待用户提出要求后才进行，应进行主动的预防性维护，即选择那些还有较长使用寿命，目前尚能正常运行，但可能将要发生变化或调整的系统进行维护，目的是通过预防性维护为未来的修改与调整奠定更好的基础。例如，将目前能应用的报表功能改成通用报表生成功能，以应付今后报表内容和格式可能的变化。

【问题 3】

系统的维护不仅范围广，而且影响因素多。通常在编制维护计划之前，要考虑三个方面的因素：（1）维护的背景，包括系统的当前情况、维护的对象、维护工作的复杂性与规模；（2）维护工作的影响，包括对新系统目标的影响、对当前工作进度的影响、对本系统其他部分的影响、对其他系统的影响；（3）资源的要求，包括对维护提出的时间要求、维护所需费用、维护所需工作人员等。

编制系统维护计划要考虑多个方面，具体来讲包括维护预算、维护需求、维护系统、维护承诺、维护负责人、维护计划和更替等。

参考答案

【问题 1】

（1）D

（2）B

（3）C

（4）E

（5）A

（6）F

【问题 2】

（1）（a）完善性

　　（b）50

（2）（c）预防性

【问题 3】

（1）维护预算

（2）维护需求

（3）维护承诺

（4）维护负责人

（5）维护执行计划和更替

试题五（共 15 分）

阅读以下说明，回答问题 1 至问题 3，将解答填入答题纸的对应栏内。

【说明】

随着信息技术的发展，MIS、ERP、CRM、SCM、TMS 等信息系统对降低企业的成本、改善企业的服务质量、扩大企业产品的市场占有率等方面起着重要的作用。因此，正确评价信息系统对企业的决策和发展规划至关重要。对信息系统的评价，通常根据预定的系统目标，在系统调查和可行性分析的基础上，主要从技术和经济等方面，就各种系统设计方案能满足需要的程度及消耗和占用的各种资源进行评审和选择，从而得出技术上先进、经济上合理、实施上可行的最优或者满意的方案。

【问题1】（5分）

请对下面给出的信息系统的名称与对应的解释进行连线。

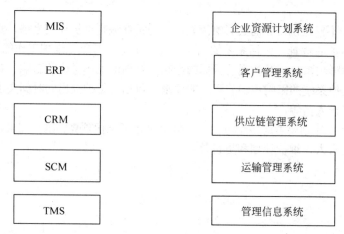

【问题2】（6分）

某企业聘请张明工程师对其建设的 MIS 信息系统进行评价，张工给出的评价意见如下所示：

> **系统评价意见**
>
> 　　该MIS信息系统运用业界流行的编程方法，采用分布式部署。可根据用户的个性化需求，提供对各类企事业单位多层次、多重业务的定制；优化了业务流程及人、财、物合理利用。
>
> 　　系统兼顾人机交互的灵活性与方便性，响应时间、输出信息的精度满足管理业务需求，系统采用多种加密算法与备份机制，安全性高。系统文档规范清晰，易于维护与排查故障。

（1）请分析该评价意见对哪几个方面进行了评价。
（2）评价意见是否全面？说明原因。

【问题3】（4分）

简要说明进行信息系统评价的工作程序所包括的步骤。

试题五分析

本题考查行业应用的信息系统的基础知识，以及对信息系统进行评价的基本要求和方法。

【问题1】

管理信息系统（Management Information System，MIS）是一个不断发展的新型学科，MIS 的定义随着计算机技术和通信技术的进步也在不断更新，在现阶段，人们普遍认为管理信息系统是由人和计算机设备或其他信息处理手段组成并用于管理信息的系统。完善的管理信息系统具有以下四个标准：确定的信息需求、信息的可采集与可加工、可以通过程序为管理人员提供信息、可以对信息进行管理。

企业资源计划（Enterprise Resource Planning，ERP）是指建立在信息技术基础上，以系统化的管理思想，为企业决策层及员工提供决策运行手段的管理平台。它是从 MRP（物料需求计划）发展而来的新一代集成化管理信息系统，它扩展了 MRP 的功能，其核心思想是供应链管理。它跳出了传统企业边界，从供应链范围去优化企业的资源。

客户关系管理（Customer Relationship Management，CRM）是企业用来管理客户关系的工具。客户关系管理是一个不断加强与顾客交流，不断了解顾客需求，并不断对产品及服务进行改进和提高以满足顾客的需求的连续的过程。其内涵是企业利用信息技术（IT）和互联网技术实现对客户的整合营销，是以客户为核心的企业营销的技术实现和管理实现。

供应链管理（Supply Chain Management，SCM）是指在满足一定的客户服务水平的条件下，为了使整个供应链系统成本达到最小而把供应商、制造商、仓库、配送中心和渠道商等有效地组织在一起来进行产品制造、转运、分销及销售的管理方法。供应链管理包括计划、采购、制造、配送、退货五大基本内容。

运输管理系统（Transportation Management System，TMS）是一种"供应链"分组下的操作软件。它能通过多种方法和其他相关的操作一起提高物流的管理能力，包括管理装运单位，指定企业内、国内和国外的发货计划，管理运输模型、基准和费用，维护运输数据，生成提单，优化运输计划，选择承运人及服务方式，招标和投标，审计和支付货运账单，处理货损索赔，安排劳力和场所，管理文件和管理第三方物流。

【问题2】

信息系统评价是指根据预定的系统目的，在系统调查和可行性研究的基础上，主要从技术和经济等方面，就各种系统设计的方案所能满足需要的程度及消耗和占用的各种资源进行评审和选择，并选择出技术上先进、经济上合理、实施上可行的最优或满意方案。

信息系统技术性能评价的内容主要包括如下 6 个方面。

（1）系统的总体技术水平。包括网络的结构、系统的总体结构所采用的技术先进性、适用性、系统的正确性和集成程度等。

（2）系统的功能覆盖范围。包括对各个管理层次及业务部门业务的支持程度，满足用户要求的程度、数据管理的规范等。

（3）信息资源开发和利用的范围和深度。包括优化业务流程，人、财、物的合理利用，对市场、客户等信息的利用率等。

（4）系统质量。包括人机交互的灵活性与便捷性，系统响应时间与信息处理速度满足管理业务需求的程度，输出信息的正确性与精确度，单位时间内的故障次数与故障时间在工作时间中的比例，系统结构与功能的调整、改进及扩展，与其他系统交互或集成的难易程度，系统故障诊断、故障恢复的难易程度。

（5）系统的安全性。包括保密措施的完整性、规范性和有效性，业务数据是否会被修改和被破坏，数据使用权限是否得到保证。

（6）系统文档资料的规范、完备与正确程度。

【问题3】

对于一个信息系统的运行评价，首先应该确定相应的系统评价者、评价队形、评价目标、评价指标和评价原则及策略等，编写相应的《信息系统评价计划书》，不论是内部评价还是外部评价，所有的信息进行信息化评价都要遵循一定的工作程序，工作程序是指从评价对象至完成整个评价工作的过程，一般包括如下步骤。

（1）确定评价对象，下达评价通知书，组织成立评价工作组和专家咨询组。评价通知书是指评价组织机构（委托人）出具的行政文书，也是企业接受评价的依据。评价通知书应载明评价任务、评价目标、评价依据、评价人员、评价时间和有关要求等事项。

（2）拟定评价工作方案，搜集基础资料。评价工作方案是进行某项评估活动的工作安排，应包括涉及评价工作的各个要素。

（3）评价工作的实施评价，征求专家意见和反馈企业，撰写评价报告。评价工作组依据企业报送的资料进行基础评价。

（4）评价工作组将评价报告报送专家咨询组复核，向评价组织机构（委托人）送达评价报告和选择公布评价结果，建立评价项目档案等。

评价工作正式开始前，评价工作组可以按照评价的基本要求，组织企业相关人员进行自评。评价工作组取得的评价结论应与企业自评结论进行对照，及时对评价结论进行补充和修改。

参考答案

【问题1】

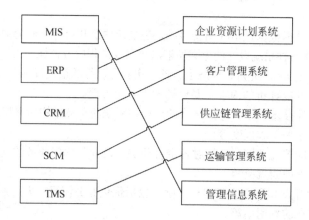

【问题2】

（1）主要从MIS的技术性能方面进行了评价，包括以下6点。

①系统的总体水平。

②系统功能的覆盖范围。

③信息资源开发和利用的范围和深度。
④系统质量。
⑤系统安全性。
⑥系统文档资料的规范、完备与正确程度。
（2）不全面，因为未从管理效益或经济效益方面进行评价。

【问题 3】
（1）确定评价对象，下达评价通知书，组织成立评价工作组和专家咨询组。
（2）拟定评价工作方案，搜集基础资料。
（3）实施评价，征求专家意见和反馈企业，撰写评价报告。
（4）将评价报告送专家咨询组复核，向委托人送达评价报告，建立评价档案。

第3章 2017上半年信息系统管理工程师上午试题分析与解答

试题（1）

以下关于 CPU 的叙述中，正确的是 __(1)__ 。

(1) A．CPU 中的运算单元、控制单元和寄存器组是通过系统总线连接起来的
 B．在 CPU 中，获取指令并进行分析是控制单元的任务
 C．执行并行计算任务的 CPU 必须是多核的
 D．单核 CPU 不支持多任务操作系统而多核 CPU 支持

试题（1）分析

本题考查计算机系统基础知识。

CPU 中的主要部件有运算单元、控制单元和寄存器组，连接这些部件的是片内总线。系统总线（System Bus）是用来连接微机各功能部件而构成一个完整微机系统的，如 PC 总线、AT 总线（ISA 总线）、PCI 总线等。

单核 CPU 可以通过分时实现并行计算。

系统总线是微机系统中最重要的总线，对整个计算机系统的性能有重要影响。CPU 通过系统总线对存储器的内容进行读写，同样通过系统总线，实现将 CPU 内数据写入外设，或由外设读入 CPU。按照传递信息的功能来分，系统总线分为地址总线、数据总线和控制总线。

参考答案

(1) B

试题（2）

采用 __(2)__ 技术，使得计算机在执行程序指令时，多条指令执行过程中的不同阶段可以同时进行处理。

(2) A．流水线　　　　B．云计算　　　　C．大数据　　　　D．面向对象

试题（2）分析

本题考查计算机系统基础知识。

为提高 CPU 利用率，加快执行速度，将指令分为若干阶段，即可并行执行不同指令的不同阶段，从而使多个指令可以同时执行。在有效地控制了流水线阻塞的情况下，流水线可大大提高指令执行速度。经典的五级流水线为取指、译码/读寄存器、执行/计算有效地址、访问内存（读或写）、结果写回寄存器。

参考答案

(2) A

试题（3）

总线的带宽是指___(3)___。

(3) A．用来传送数据、地址和控制信号的信号线总数
    B．总线能同时传送的二进制位数
    C．单位时间内通过总线传送的数据总量
    D．总线中信号线的种类

试题（3）分析

本题考查计算机系统基础知识。

总线的带宽即数据传输率，也就是单位时间内通过总线传输的数据量，以"字节/秒"为单位。

参考答案

(3) C

试题（4）

在计算机系统中，以下关于高速缓存（Cache）的说法正确的是___(4)___。

(4) A．Cache 的容量通常大于主存的存储容量
    B．通常由程序员设置 Cache 的内容和访问速度
    C．Cache 的内容是主存内容的副本
    D．多级 Cache 仅在多核 CPU 中使用

试题（4）分析

本题考查计算机系统基础知识。

高速缓存（Cache）是随着 CPU 与主存之间性能的差距不断增大而引入的，相对于主存，其容量小、速度快，所存储的内容是 CPU 近期可能会需要的信息，是主存内容的副本，因此 CPU 需要访问数据和读取指令时要先访问 Cache，若命中则直接访问，若不命中再去访问主存。

参考答案

(4) C

试题（5）

计算机中采用虚拟存储器的目的是___(5)___。

(5) A．提高访问外存的速度   B．提高访问内存的速度
    C．扩大外存的寻址空间   D．扩大内存的寻址空间

试题（5）分析

本题考查计算机系统基础知识。

虚拟内存是计算机系统内存管理的一种技术，它使用外存（硬盘）空间的一部分作为内存空间的补充，使得应用程序能使用的存储空间比实际的内存空间要大。

参考答案

(5) D

试题（6）

已知某字符的 ASCII 码值用十进制表示为 69，如果将最高位设置为偶校验位，则其二进制表示为__(6)__。

(6) A. 11000101　　　　　　　　B. 01000101
　　C. 11000110　　　　　　　　D. 01100101

试题（6）分析

本题考查计算机系统中数据表示的基础知识。

十进制数 69 的二进制形式为 01000101，其中有 3 个 1，采用偶校验时需要通过设置校验位使 1 的个数为偶数，因此编码为 11000101。

参考答案

(6) A

试题（7）

用高级语言编写的源程序被保存为__(7)__。

(7) A. 位图文件　　　B. 文本文件　　　C. 二进制文件　　　D. 动态链接库文件

试题（7）分析

本题考查程序语言基础知识。

源程序是以文本文件方式保存的。

参考答案

(7) B

试题（8）

将来源不同的编译单元装配成一个可执行程序的程序称为__(8)__。

(8) A. 编译器　　　B. 解释器　　　C. 汇编器　　　D. 链接器

试题（8）分析

本题考查程序语言翻译基础知识。

通过编译方式实现的编程语言需要经过编译（产生目标代码）、链接（产生可执行代码）才能在计算机上运行。有些语言（如 C/C++）还需在编译之前进行预处理。

参考答案

(8) D

试题（9）

通用编程语言是指能够用于编写多种用途程序的编程语言，__(9)__属于通用编程语言。

(9) A. HTML　　　B. SQL　　　C. Java　　　D. Verilog

试题（9）分析

本题考查程序语言基础知识。

HTML 即超文本标记语言，通过标记符号来标记要显示的网页中的各个部分。

SQL 即结构化查询语言，是一种特殊目的的编程语言，用于存取及查询、更新和管理关系数据库系统中的数据。

Verilog HDL 是一种硬件描述语言，以文本形式来描述数字系统硬件的结构和行为，用它可以表示逻辑电路图、逻辑表达式，还可以表示数字逻辑系统所完成的逻辑功能。
Java 是一种通用的程序设计语言。

参考答案
（9）C

试题（10）
数据结构中的逻辑结构是指数据对象中元素之间的相互关系。按逻辑结构可将数据结构分为__（10）__。
（10）A．静态结构和动态结构　　　B．线性结构和非线性结构
　　　C．散列结构和索引结构　　　D．顺序结构和链表结构

试题（10）分析
本题考查数据结构基础知识。
按照逻辑结构可将数据结构分为线性结构和非线性结构，线性表、栈、队列和字符串都属于线性的数据结构，树（二叉树）和图是非线性的数据结构。

参考答案
（10）B

试题（11）
__（11）__是按照"后进先出"原则进行插入和删除操作的数据结构。
（11）A．栈　　　　B．队列　　　　C．散列表　　　　D．字符串

试题（11）分析
本题考查数据结构基础知识。
栈是按"后进先出"的原则进行修改的。队列是按照"先进先出"的原则来修改的。

参考答案
（11）A

试题（12）
数据模型的三要素包括__（12）__。
（12）A．网状模型、关系模型、面向对象模型
　　　B．数据结构、网状模型、关系模型
　　　C．数据结构、数据操纵、关系模型
　　　D．数据结构、数据操纵、完整性约束

试题（12）分析
本题考查数据库系统基础知识。
数据模型是数据库中非常核心的内容。一般来讲，数据模型是严格定义的一组概念的集合。这些概念精确地描述了系统的静态特性、动态特性和完整性约束条件。因此数据模型通常由数据结构、数据操纵和完整性约束三要素构成。外模式、模式和内模式是数据库系统的三级模式结构。数据库领域中常见的数据模型有网状模型、层次模型、关系模型和面向对象模型。实体、联系和属性是概念模型的三要素，概念模型又称为信息模型，是数据库中的一类模型，它和数据模型不同，是按用户的观点来对数据和信息建模的。

参考答案

（12）D

试题（13）

在数据库系统实施过程中，通过重建视图能够实现__（13）__。

(13) A．程序的逻辑独立性　　　　B．程序的物理独立性
　　　C．数据的逻辑独立性　　　　D．数据的物理独立性

试题（13）分析

本题考查数据库系统基础知识。

视图对应的是数据库系统三级模式/两级映象中的外模式，重建视图即修改外模式及外模式/模式映象，实现了数据的逻辑独立性（即数据的独立性，而不是程序的独立性）。

参考答案

（13）C

试题（14）

数据库通常是指有组织、可共享、动态地存储在__（14）__的数据的集合。

(14) A．内存上的相互联系　　　　B．内存上的相互无关
　　　C．外存上的相互联系　　　　D．外存上的相互无关

试题（14）分析

本题考查数据库系统基础知识。

数据库是指长期储存在计算机外存上的、有组织的、可共享并相互联系的数据集合。数据库中的数据按一定的数学模型组织、描述和储存，具有较小的冗余度，较高的数据独立性和易扩展性，并可为各种用户共享。

参考答案

（14）C

试题（15）～（17）

在某企业的工程项目管理数据库中供应商关系 Supp（供应商号，供应商名，地址，电话）、项目关系 Proj（项目号，项目名，负责人，电话）和零件关系 Part（零件号，零件名）的 E-R 模型如下图所示。其中，每个供应商可以为多个项目供应多种零件，每个项目可由多个供应商供应多种零件。

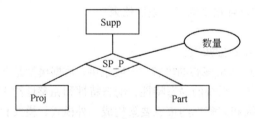

a）SP_P 需要生成一个独立的关系模式，其联系类型为__（15）__。

(15) A．*:*:*　　　　B．1:*:*　　　　C．1:1:*　　　　D．1:1:1

b）给定关系模式 SP_P（供应商号，项目号，零件号，数量），按查询条件"查询至少

供应了 6 个项目（包含 6 项）的供应商，输出其供应商号和供应零件数量的总和，并按供应商号降序排列"，将正确选项填入 SQL 语句的空项中。

```
SELECT 供应商号,SUM(数量) FROM  (16)
    GROUP BY 供应商号
    HAVING COUNT(DISTINCT(项目号))> 5
     (17) ;
```

（16）A．Supp   B．Proj   C．Part   D．SP_P
（17）A．ORDER BY 供应商号   B．GROUP BY 供应商号
     C．ORDER BY 供应商号 DESC   D．GROUP BY 供应商号 DESC

试题（15）～（17）分析

根据"一个供应商可以为多个项目供应多种零件，每个项目可由多个供应商供应多种零件"可知，SP_P 的联系类型为多对多对多（*:*:*），其 E-R 模型如下图所示。而多对多对多的联系必须生成一个独立的关系模式，该模式是由多端的码即"供应商号""项目号""零件号"加上 SP_P 联系的属性"数量"构成。

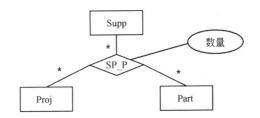

根据题中的关系模式 SP_P（供应商号，项目号，零件号，数量），查询至少供应了 6 个项目（包含 6 项）的供应商，输出其供应商号和供应零件数量的总和，并按供应商号降序排列。

由于题目要求按供应商号降序排列，所以应采用"ORDER BY 供应商号 DESC"语句。

参考答案

（15）A　（16）D　（17）C

试题（18）、（19）

在 Windows 系统中，采用 __(18)__ 程序可以合并卷上的可用空间，使每个文件和文件夹占用卷上连续的磁盘空间，这样可以使系统 __(19)__ 。

（18）A．任务计划   B．资源监视器   C．碎片整理   D．性能监视器
（19）A．改变空闲区文件管理方案
     B．提高对文件和文件夹的访问效率
     C．提高对文件的访问效率，而对文件夹的访问效率保持不变
     D．提高对文件夹的访问效率，而对文件的访问效率保持不变

试题（18）、（19）分析

本题考查操作系统基础知识。

在 Windows 系统中，磁盘碎片整理程序可以分析本地卷，使每个文件或文件夹占用卷上连续的磁盘空间，合并卷上的可用空间使其成为连续的空闲区域，这样系统就可以更有效地访问文件或文件夹，以及更有效地保存新的文件和文件夹。通过合并文件和文件夹，磁盘碎片整理程序还将合并卷上的可用空间，以减少新文件出现碎片的可能性。合并文件和文件夹碎片的过程称为碎片整理。

参考答案

（18）C （19）B

试题（20）

某文件管理系统在磁盘上建立了位示图（bitmap），记录磁盘的使用情况。若计算机系统的字长为32位（注：每位可以表示一个物理块"使用"还是"未用"的情况），磁盘的容量为200GB，物理块的大小为1MB，那么位示图的大小需要__(20)__个字。

（20）A．600　　　　B．1200　　　　C．3200　　　　D．6400

试题（20）分析

本题考查操作系统文件管理方面的基础知识。

根据题意，计算机系统中的字长为32位，每位可以表示一个物理块"使用"还是"未用"的情况，一个字可记录32个物理块的使用情况。

又因为磁盘的容量为200GB，物理块的大小为1MB，那么该磁盘有 200×1024=204 800 个物理块，位示图的大小为 204 800/32=6400 个字。

参考答案

（20）D

试题（21）

以下文件格式中属于音频文件的是__(21)__。

（21）A．PDF　　　　B．WAV　　　　C．AVI　　　　D．DOC

试题（21）分析

本题考查对计算机各类媒体数据文件的了解和掌握程度。

"PDF"是 Adobe Systems 公司 1993 年用于文件交换推出的文件格式。通过把文件资料制作成 PDF 格式可以有效地防止他人复制、修改资料。

"WAV"是 Microsoft 公司的音频文件格式，它来源于对声音模拟波形的采样。

"AVI"是 Microsoft 公司的音频视频交错文件格式，可以将音频视频交织在一起进行同步播放。

"DOC"是 Microsoft 公司的 Office 套件中的文字处理软件 Word 的文件格式。

参考答案

（21）B

试题（22）

__(22)__是用于纯音频信息处理的工具软件。

(22) A. 3ds Max   B. Audition   C. Director   D. Photoshop

试题（22）分析

本题考查对常用计算机多媒体应用软件产品的了解和掌握程度。

3ds Max 是三维动画建模工具软件，Photoshop 是数字图像处理工具软件，Audition 是数字音频处理工具软件，Director 是多媒体应用软件创作工具。

参考答案

(22) B

试题（23）

以下关于 TCP/IP 协议栈中协议和层次的对应关系正确的是__(23)__。

(23) A.

TFTP	Telnet
UDP	TCP
ARP	

B.

RIP	Telnet
UDP	TCP
ARP	

C.

HTTP	SNMP
TCP	UDP
IP	

D.

SMTP	FTP
UDP	TCP
IP	

试题（23）分析

本题考查 TCP/IP 协议栈中协议与层次的关系。

选项 A、B 错在第 3 层应为 IP 协议；选项 D 错在 SMTP 采用的传输层协议为 TCP。

参考答案

(23) C

试题（24）、（25）

PING 发出的是__(24)__类型的消息，其报文封装在__(25)__协议数据单元中传送。

(24) A. TCP 请求   B. TCP 响应
     C. ICMP 请求与响应   D. ICMP 源点抑制

(25) A. IP   B. TCP   C. UDP   D. PPP

试题（24）、（25）分析

本题考查 ICMP 协议相关的基础知识。

PING 命令是 ICMP 协议的一个应用，采用 ICMP 请求与响应类型，提供链路连通性测试。ICMP 封装在 IP 数据报报文中传送。

参考答案

(24) C   (25) A

试题（26）

在异步通信中，每个字符包含 1 位起始位、7 位数据位和 2 位终止位，若每秒钟传送 500 个字符，则有效数据速率为__(26)__。

(26) A. 500b/s   B. 700b/s   C. 3500b/s   D. 5000b/s

试题（26）分析

本题考查异步传输协议基础知识。

每秒传送 500 个字符，每个字符 7 比特，故有效速率为 3500b/s。

参考答案

（26）C

试题（27）

以下 IP 地址中，属于网络 10.110.12.29 / 255.255.255.224 的主机 IP 是 __(27)__ 。

(27) A. 10.110.12.0　　　　　　　　B. 10.110.12.30
　　　C. 10.110.12.31　　　　　　　D. 10.110.12.32

试题（27）分析

本题考查 IP 地址相关的基础知识。

10.110.12.29 / 255.255.255.224 的地址展开为：**0000 1010.0110 1110.0000 1100.000**1 1101，可分配主机地址范围为 10.110.12.1～10.110.12.30。

参考答案

（27）B

试题（28）

如果防火墙关闭了 TCP 和 UDP 端口 21、25 和 80，则可以访问该网络的应用是 __(28)__ 。

(28) A. FTP　　　　　B. Web　　　　　C. SMTP　　　　　D. Telnet

试题（28）分析

本题考查常用网络服务以及对应开放的端口，采用排除法即可。

通常情况下，FTP 默认的端口是 21，简单邮件传输协议使用的端口是 25，Web 默认的端口是 80，Telnet 默认的端口是 23。本题未指明防火墙关闭 23 端口，则可以访问的网络应用是 Telnet。

参考答案

（28）D

试题（29）

__(29)__ 不属于数字签名的主要功能。

(29) A. 保证信息传输的完整性　　　　B. 防止数据在传输过程中被窃取
　　　C. 实现发送者的身份认证　　　　D. 防止交易者事后抵赖对报文的签名

试题（29）分析

本题考查数字签名的基本概念。

数字签名技术是将摘要用发送者的私钥加密，与原文一起传送给接收者。接收者只有用发送者的公钥才能解密得到被加密的摘要。

数字签名技术可以保证接收者不能伪造对报文的签名、接收者能够核实发送者对报文的签名、发送者事后不能抵赖对报文的签名。同时，接收者可以用 Hash 函数对收到的原文再产生一个摘要，与收到的摘要对比，如果二者相同，则说明收到的信息是完整的，从而保证信息传输的完整性。

但是，数字签名技术不是加密技术，它不能防止数据在传输过程中被窃取。

参考答案

(29) B

试题（30）

防火墙不能实现___(30)___的功能。

(30) A．过滤不安全的服务　　　　　B．控制对特殊站点的访问
　　　C．防止内网病毒传播　　　　　D．限制外部网对内部网的访问

试题（30）分析

本题考查防火墙的基本概念。

防火墙是指一种逻辑装置，用来保护内部的网络不受来自外界的侵害，但是防火墙对内网病毒传播无法控制。防火墙是在内部网与外部网之间的界面上构造一个保护层，并强制所有的连接都必须经过此保护层，在此进行检查和连接。只有被授权的通信才能通过此保护层，从而保护内部网资源免遭非法入侵。

防火墙主要用于实现网络路由的安全性。其主要功能包括：限制外部网对内部网的访问，从而保护内部网特定资源免受非法侵犯；限制内部网对外部网的访问，主要是针对一些不健康信息及敏感信息的访问；过滤不安全的服务等。

参考答案

(30) C

试题（31）

DDoS（Distributed Denial of Service）攻击的目的是___(31)___。

(31) A．窃取账户　　　　　　　　　　B．远程控制其他计算机
　　　C．篡改网络上传输的信息　　　　D．影响网络提供正常的服务

试题（31）分析

本题考查网络安全的基本概念。

DDoS（Distributed Denial of Service）即分布式拒绝服务。DDoS 攻击是借助 C/S 技术，将多个计算机联合起来作为攻击平台，对一个或多个目标发起 DDoS 攻击。其主要目的是阻止合法用户对正常网络资源的访问。

DDoS 的攻击策略侧重于通过很多"僵尸主机"（被攻击者入侵过或可间接利用的主机）向受害主机发送大量看似合法的网络包，从而造成网络阻塞或服务器资源耗尽而导致拒绝服务。分布式拒绝服务攻击一旦被实施，攻击网络包就会犹如洪水般涌向受害主机，从而把合法用户的网络包淹没，导致合法用户无法正常访问服务器的网络资源，因此，拒绝服务攻击又被称为"洪水式攻击"，常见的 DDoS 攻击手段有 SYN Flood、ACK Flood、UDP Flood、ICMP Flood、TCP Flood、Connections Flood、Script Flood、Proxy Flood 等。

参考答案

(31) D

试题（32）

软件著作权中翻译权是指___(32)___的权利。

(32) A. 将原软件从一种自然语言文字转换成另一种自然语言文字
     B. 将原软件从一种程序设计语言转换成另一种程序设计语言
     C. 软件著作权人对其软件享有的以其他各种语言文字形式再表现
     D. 对软件的操作界面或者程序中涉及的语言文字翻译成另一种语言文字

试题（32）分析

软件著作权中翻译权是指以不同于原软件作品的一种程序语言转换该作品原使用的程序语言，而重现软件作品内容的创作的产品权利。简单地说，也就是指将原软件从一种程序语言转换成另一种程序语言的权利。

参考答案

（32）B

试题（33）

章铭购买了一张有注册商标的正版软件光盘，擅自将其复制出售，则该行为侵犯了该软件开发商的__(33)__。

(33) A. 财产所有权   B. 商标权
     C. 物权   D. 知识产权

试题（33）分析

本题考查知识产权基础知识，即区别侵犯物权与知识产权行为。

将他人的软件光盘占为己有，涉及的是物体本身，即软件的物化载体，该行为是侵犯财产所有权的行为。如果行为人虽未占有这一软件光盘，（如借或租他人一张软件光盘，使用后返还），但擅自将该软件光盘复制出售，则该行为涉及的是无形财产，即软件开发商的思想表现形式（知识产品），属于侵犯知识产权行为。

参考答案

（33）D

试题（34）

当软件交付运行后，__(34)__阶段引入的错误所需的修复代价最高。

(34) A. 需求分析   B. 概要设计
     C. 详细设计   D. 编码

试题（34）分析

一般而言，在开发阶段越早期引入的错误，越早发现和修改，修复代价越小。越早期引入的错误，在软件交付后进行修复所需要的代价就越高。

参考答案

（34）A

试题（35）、（36）

某教务系统由模块 A 提供成绩给模块 B，模块 B 计算平均成绩、最高分和最低分，然后将计算结果返回给模块 A，模块 C 对课程信息进行增删改查，则模块 B 在软件结构图中属于__(35)__模块，模块 C 的内聚类型为__(36)__。

(35) A. 传入   B. 传出   C. 变换   D. 协调

（36）A．逻辑内聚　　　B．信息内聚　　　C．过程内聚　　　D．功能内聚

试题（35）、（36）分析

在系统结构图中的模块类型有以下几类。

①传入模块：从下属模块取得数据，经过某些处理，再将其传送给上级模块。它传送的数据流叫作逻辑输入数据流。

②传出模块：从上级模块获得数据，进行某些处理，再将其传送给下属模块。它传送的数据流叫作逻辑输出数据流。

③变换模块：它从上级模块取得数据，进行特定的处理，转换成其他形式，再传送回上级模块。

④协调模块：对所有下属模块进行协调和管理的模块。

内聚是度量模块独立性的一个重要指标，有以下几种类型。

①逻辑内聚。指模块内执行若干逻辑上相似的功能，通过参数确定该模块完成哪个功能。模块 C 执行的增删改查不属于逻辑相似的功能。

②过程内聚。指一个模块完成多个任务，这些任务必须按指定的过程执行。模块增删改查之间没有指定的顺序。

③通信内聚/信息内聚。指模块内的所有处理元素都在同一个数据结构上操作，或者各处理元素使用相同的输入数据或者产生相同的输出数据，模块 C 执行的增删改查操作针对的都是课程信息同一数据结构，属于此类。

④功能内聚。这是最强的内聚，指模块内的所有元素共同作用完成一个功能，缺一不可。模块 C 的不同操作之间没有很强的关系。

参考答案

（35）C　　（36）B

试题（37）

以下关于进度管理工具甘特图的叙述中，不正确的是　（37）　。

（37）A．能清晰地表达每个任务的开始时间、结束时间和持续时间
　　　B．能清晰地表达任务之间的并行关系
　　　C．不能清晰地确定任务之间的依赖关系
　　　D．能清晰地确定影响进度的关键任务

试题（37）分析

本题考查软件项目管理中的进度管理。

Gantt 图是一种简单的水平条形图，它以日历为基准描述项目任务。Gantt 图能清晰地描述每个任务从何时开始，到何时结束，任务的进展情况以及各个任务之间的并行性，能清晰地表示哪个任务是关键任务。但是它不能清晰地反映出各任务之间的依赖关系，难以确定整个项目的关键所在，也不能反映计划中有潜力的部分。

参考答案

（37）D

试题（38）

某电商企业使用信息系统来进行产品和订单的管理，那么该系统应该是__(38)__。

(38) A．面向作业处理的系统　　　　B．面向管理控制的系统
　　　C．面向决策计划的系统　　　　D．面向数据汇总的系统

试题（38）分析

本题考查对信息系统类型的理解和认识。

根据信息服务对象的不同，企业的信息系统可以分为三类：面向作业处理的系统、面向管理控制的系统和面向决策计划的系统。其中，面向作业处理的系统用于支持业务处理自动化；面向管理控制的系统辅助企业管理、实现管理自动化；面向决策计划的系统用于决策支持、企业竞争策略支持及专家系统支持。产品和订单管理用于支持业务处理自动化，属于面向作业处理的系统。

参考答案

A

试题（39）

以下不属于信息系统软件结构组成部分的是__(39)__。

(39) A．操作系统　　B．通信网络　　C．数据库　　D．管理软件

试题（39）分析

本题考查信息系统软件结构组成部分。

信息系统的软件结构由操作系统、数据库和管理软件组成。通信网络不是软件。

参考答案

(39) B

试题（40）

以下关于信息系统开发方法说法不正确的是__(40)__。

(40) A．结构化分析与设计法是结构化、模块化、自顶向下对系统进行分析和设计
　　　B．原型方法是先快速给出一个模型，然后与用户反复协商修改
　　　C．面向对象方法是从结构组织角度模拟客观世界
　　　D．系统开发的重心在设计实现阶段而不是调查分析阶段

试题（40）分析

本题考查信息系统的开发方法。

常见的信息系统开发方法包括结构化分析与设计法、面向对象方法、原型方法等。其中，结构化分析与设计法是结构化、模块化、自顶向下对系统进行分析和设计；面向对象方法是从结构组织角度模拟客观世界；原型方法是先快速给出一个模型，然后与用户反复协商修改。但不管采用何种开发方法，系统开发的重心都朝向调查分析阶段偏移。

参考答案

(40) D

试题（41）

以下不属于系统设计阶段任务的是__(41)__。

（41）A．总体设计　　　B．程序设计　　　C．模块结构设计　　　D．详细设计

试题（41）分析

本题考查对系统设计阶段任务的理解。

系统设计阶段的任务包括总体设计和详细设计。总体设计又包括系统总体布局设计和系统模块结构设计。程序设计即编码实现，属于系统实现阶段的任务。

参考答案

（41）B

试题（42）

以下关于信息系统项目的说法中不正确的是__（42）__。

（42）A．信息系统项目的目标明确，任务边界清晰
　　　B．信息系统开发过程中客户需求会随项目进展而变化
　　　C．信息系统项目是智力密集、劳动密集型项目
　　　D．项目成员结构、责任心和能力对信息系统项目的质量有决定性影响

试题（42）分析

本题考查信息系统项目的基本概念。

信息系统项目的特点是目标不明确、任务边界模糊；在信息系统开发过程中，客户的需求不断被激发，不断被进一步明确，或者客户需求随项目进展而变化；信息系统项目是智力密集、劳动密集型项目，受人力资源影响最大，项目成员的结构、责任心和能力对信息系统项目的质量有决定性影响。

参考答案

（42）A

试题（43）

以下①～⑥中属于项目管理知识领域的是__（43）__。

①项目范围管理
②项目时间管理
③项目成本管理
④项目质量管理
⑤项目风险管理
⑥项目采购管理

（43）A．①②③　　　　　　　　　　B．①②③④
　　　C．①②③④⑤　　　　　　　　D．①②③④⑤⑥

试题（43）分析

本题考查项目管理的知识领域。

项目管理的知识领域包括项目范围管理、项目时间管理、项目成本管理、项目质量管理、项目人力资源管理、项目沟通管理、项目风险管理、项目采购管理、项目综合管理。

参考答案

（43）D

试题（44）

以下不属于项目成本管理的是　(44)　。

(44) A．资源计划　　　B．成本预算　　　C．质量保证　　　D．成本控制

试题（44）分析

本题考查项目成本管理的概念。

项目成本管理包括资源计划、成本估算、成本预算和成本控制。质量保证属于项目质量管理的范畴。

参考答案

(44) C

试题（45）

以下不属于数据字典的作用的是　(45)　。

(45) A．列出数据元素　　　　　　　B．相互参照，便于系统修改
　　　C．一致性和完整性检验　　　D．展示系统的处理逻辑

试题（45）分析

本题考查数据字典的概念。

数据字典是"关于系统数据的数据库"，数据字典的作用包括按要求列表、相互参照、由描述内容检索名称、一致性检验和完整性检验等。数据字典不用于展示系统的处理逻辑。

参考答案

(45) D

试题（46）

系统分析过程的先后顺序应该为　(46)　。

①现行系统的详细调查

②提出新系统的逻辑模型

③需求分析

④编写系统规格说明书

(46) A．①→②→④→③　　　　　B．①→③→④→②
　　　C．①→③→②→④　　　　　D．①→②→③→④

试题（46）分析

本题考查系统分析的概念。

系统分析的过程为：①现行系统的详细调查；②在详细调查的基础上，进行需求分析；③提出新系统的逻辑模型；④编写系统规格说明书。

参考答案

(46) C

试题（47）

以下不属于实体联系图基本成分的是　(47)　。

(47) A．实体　　　B．联系　　　C．流程　　　D．属性

试题（47）分析

本题考查实体联系图的基本概念。

实体联系图描述系统的逻辑结构，包括实体、联系和属性三个基本成分。流程不是实体联系图的组成部分。

参考答案

（47）C

试题（48）

系统设计的目标包括__(48)__。
①系统的可靠性
②较高的运行效率
③系统的可变更性
④系统的经济性

（48）A．①②　　　　B．①②④　　　　C．①④　　　　D．①②③④

试题（48）分析

本题考查对系统设计目标的理解。

系统设计的目标就是在保证实现系统分析建立的逻辑模型的基础上，尽可能地提高系统的可靠性、运行效率、易更改性、灵活性和经济性，更快、更准、更多地提供资料，拥有更多、更细致的处理功能以及更有效、更科学的管理方法。

参考答案

（48）D

试题（49）

以下不属于系统详细设计的是__(49)__。

（49）A．数据库设计　　　　　　　B．输入输出设计
　　　C．处理过程设计　　　　　　D．模块化结构设计

试题（49）分析

本题考查系统详细设计的基本概念。

系统的详细设计包括代码设计、数据库设计、输入设计、输出设计、用户接口界面设计以及处理过程设计。模块化结构设计属于总体设计的范畴。

参考答案

（49）D

试题（50）

模块间聚合方式不包括__(50)__。

（50）A．偶然聚合　　B．物理聚合　　C．通信聚合　　D．时间聚合

试题（50）分析

本题考查对各种聚合形式的理解。

聚合形式包括偶然聚合、逻辑聚合、时间聚合、过程聚合、通信聚合、顺序聚合以及功能聚合。

参考答案

（50）B

试题（51）

以下不属于系统实施阶段任务的是__(51)__。

(51) A．系统架构设计　　B．软件编制　　C．硬件配置　　D．人员培训

试题（51）分析

本题考查对系统实施的任务的理解。

系统实施阶段的主要任务包括硬件配置、软件编制、人员培训和数据准备。系统架构设计属于系统设计阶段的任务。

参考答案

（51）A

试题（52）

以下不属于黑盒测试方法的是__(52)__。

(52) A．等价类划分法　　　　　　B．边界值分析法
　　　C．因果图法　　　　　　　　D．路径覆盖法

试题（52）分析

本题考查黑盒测试方法的基本概念。

常见的黑盒测试方法包括等价类划分法、边界值分析法、因果图法、决策表法、错误推测法等。而路径覆盖法是对程序中可执行路径进行覆盖测试的一种方法，属于白盒测试的范畴。

参考答案

（52）D

试题（53）

某公司要用一套新的订单管理系统替换旧的系统，为了实现平稳转换，公司决定先上线新系统的订单统计报表模块，再逐步上线其他模块。这种系统转换方式属于__(53)__。

(53) A．直接转换　　B．并行转换　　C．分段转换　　D．间接转换

试题（53）分析

本题考查对新旧系统转换方式的理解。

新旧系统之间有三种转换方式：直接转换、并行转换和分段转换。其中，直接转换是在确定新系统试运行正常后，启用新系统的同时终止旧系统；并行转换是新旧系统并行工作一段时间，经过足够的时间考验后，新系统正式代替旧系统；分段转换则是用新系统一部分一部分地替换旧系统。

参考答案

（53）C

试题（54）

IT 系统管理工作主要是优化 IT 部门的各类管理流程，其分类可以按系统类型和流程类型来分，如果按照流程类型来分，下面__(54)__不属于流程分类划分的依据。

(54) A. 侧重于IT部门的管理
　　　B. 侧重于业务部门的IT支持及日常作业
　　　C. 侧重于IT信息检索速度
　　　D. 侧重于IT基础设施建设

试题（54）分析

本题考查对信息系统管理类别划分的理解。

信息系统管理可以按系统类型和流程类型来分类。其中，按照流程类型划分的主要依据有三点：①侧重于IT部门的管理，从而保证能够高质量地为业务部门（客户）提供IT服务；②侧重于业务部门的IT支持及日常作业，从而保证业务部门（客户）IT服务的可用性和持续性；③侧重于IT基础设施建设，主要是建设企业的网络。

综上所述，可以看出信息检索速度不在划分依据之列。

参考答案

（54）C

试题（55）

IT部门人员的管理中，涉及第三方的管理，在选择外包商时，通常要审查其资格。下面选项中，不属于资格范围的是__(55)__。

(55) A. 运行成本能力　　　　　　　　B. 技术能力
　　　C. 经营管理能力　　　　　　　　D. 发展能力

试题（55）分析

本题考查对信息系统管理中的IT部门人员管理的理解。

IT部门人员管理涉及因素较多，其中，在第三方/外包的管理中，既涉及外包商的选择，也有对外包合同的管理和风险控制。对于外包商的考查主要从三个方面着手，即技术能力、经营管理能力和发展能力。

无运行成本能力的提法。

参考答案

（55）A

试题（56）

系统用户管理是IT领域的重要问题。一个企业的信息系统的用户管理一定程度上影响企业的信息系统的实际使用效果。企业用户管理的功能涉及很多因素，下列选项中，不在企业用户管理功能考虑之列的是__(56)__。

(56) A. 用户使用效果管理　　　　　　B. 用户账号管理
　　　C. 企业外部用户管理　　　　　　D. 用户安全审计

试题（56）分析

本题考查对信息系统管理中的用户管理内容的理解和认识。

企业用户管理的功能主要包括用户账号管理、用户权限管理、外部用户管理、用户安全审计等内容。

至于用户使用效果的评判不在企业用户管理的功能要求之列。

参考答案

（56）A

试题（57）

分布式环境下的系统管理是一个复杂的问题，采用分布式的系统管理可以解决很多问题，其优越特性表现在多个方面，下面__(57)__不在这些优越特性之列。

(57) A．跨平台管理　　　　　　　B．可扩展性和灵活性
　　　C．软件错误率管理　　　　D．可视化的管理

试题（57）分析

本题考查对分布式环境下的系统管理概念的理解。

分布式环境下的系统管理旨在管理复杂的环境、提高管理生产率及应用业务价值。其优越特性表现在：跨平台管理、可扩展性和灵活性、可视化的管理及智能化代理技术等。软件错误率管理不在分布式系统的管理的优越特性之列。

参考答案

（57）C

试题（58）

IT 资源管理就是洞察所有的 IT 资产，并进行有效管理。IT 资产管理的目的之一是为所有内外部资源提供广泛的发现和性能分析功能，实现资源的__(58)__。

(58) A．成本管控核拨　　　　　　B．工具分类及应用
　　　C．合理使用和重部署　　　D．回收及再生利用

试题（58）分析

本题考查对信息系统资源管理涉及的资产管理内容的掌握程度。

IT 资产管理的目的就是为所有内外部资源提供广泛的发现和性能分析功能，实现资源的合理使用和重部署等。

参考答案

（58）C

试题（59）

COBIT（Control Objectives for Information and related Technology）是目前国际上通用的信息系统审计的标准，由信息系统审计与控制协会在 1996 年公布。是一个在国际上公认的、权威的安全与信息技术管理和控制的标准。该标准对 IT 资源进行了相关定义，下面__(59)__不属于标准中定义的 IT 资源。

(59) A．数据　　　B．应用系统　　　C．设备和人员　　　D．基线配置

试题（59）分析

本题考查对 COBIT 中关于 IT 资源定义的理解与掌握程度。

COBIT 中对 IT 资源的定义包括数据、应用系统、技术、设备和人员等五大类。

参考答案

（59）D

试题（60）

软件分发管理是基础架构管理的重要组成部分，可以提高 IT 维护的自动化水平，实现企业内部软件使用标准化，减少维护 IT 资源的费用。下列选项中，__(60)__ 不属于软件分发管理工作内容。

(60) A．软件部署　　　　　　　　B．编码与测试
　　　C．安全补丁分发　　　　　　D．远程管理和控制

试题（60）分析

本题考查对软件分发管理中分发任务的理解程度。

软件分发管理可以自动化或半自动化地完成，其分发任务包括软件部署、安全补丁分发、远程管理和控制。而编码与测试属于软件开发阶段的工作。

参考答案

(60) B

试题（61）

主机故障时通常需要启用系统备份进行恢复。根据所提供的备份类型不同，主机服务上有三种重启模式。下列选项中，__(61)__ 不属于这三种重启模式。

(61) A．无负载启动　　B．热重启　　　C．冷重启　　　D．暖重启

试题（61）分析

本题考查对主机故障时重启模式的理解与掌握程度。

主机故障时需要启用系统备份进行恢复。根据所提供的备份类型不同，主机服务上有三种重启模式：①恢复时间最短的热重启；②需要最长启动时间的冷重启；③启动时间介于前述两者之间的暖重启。重启模式中没有无负载启动这样的提法。

参考答案

(61) A

试题（62）

问题管理和控制的目标主要体现在三点。下列选项中，__(62)__ 不在问题管理和控制目标的三点内容之列。

(62) A．将由 IT 基础架构中的错误引起的故障和问题对业务的影响降到最低限度
　　　B．找出出现故障和问题的根本原因，防止再次发生与这些错误有关的故障
　　　C．运行周期降到最低限度
　　　D．实施问题预防，在故障发生之前发现和解决有关问题

试题（62）分析

本题考查对问题管理和控制的目标的理解和认识。

对于问题控制与管理，其主要目标是：①将由 IT 基础架构中的错误引起的故障和问题对业务的影响降到最低限度；②找出出现故障和问题的根本原因，防止再次发生与这些错误有关的故障；③实施问题预防，在故障发生之前发现和解决有关问题。它不涉及运行周期降低程度问题。

参考答案

（62）C

试题（63）

信息系统的安全保障能力取决于信息系统所采取的安全管理措施的强度和有效性，备份策略是这些措施中的一项。下列不属于备份策略的是__（63）__。

（63）A．磁带备份　　B．完全备份　　C．差异备份　　D．增量备份

试题（63）分析

本题考查对信息系统的安全保障措施中的备份策略内容的正确理解。

信息系统的安全保障能力涉及内容广泛，安全保障措施是其重要的一环，备份策略也是一种安全保障措施。从备份技术的角度来看通常有以下几种备份策略：完全备份、差异备份、增量备份。备份策略不涉及对具体备份介质的评价。

参考答案

（63）A

试题（64）

管理安全是使用管理的手段对系统进行安全保护。运行管理是过程管理，是实现全网安全和动态安全的关键。下列选项中，__（64）__不属于运行管理的内容。

（64）A．出入管理　　　　　　　　B．终端管理
　　　　C．系统开发人员管理　　　　D．信息管理

试题（64）分析

本题考查对信息系统管理安全中的运行管理内容的理解程度。

系统运行管理内容有三个方面：①出入管理，根据安全等级和涉密范围进行分区控制，根据每个工作人员的实际工作需要规定所能进入的区域；②终端管理，增强对终端用户管理的有效性，提高终端用户的满意度，降低系统运营管理成本；③信息管理，运行管理过程中，对所有信息进行管理，对经营活动中的物理格式和电子格式的信息通过分类和信息控制，将所有抽象的信息记录下来并存档。

运行管理内容不涉及对系统开发人员技术水平的管理。

参考答案

（64）C

试题（65）

计算机系统性能评价技术是按照一定步骤，选用一定的度量项目，通过建模和实验，对计算机的性能进行测试并对测试结果作出解释的技术。反映计算机系统负载和工作能力的常用指标主要有三类。下列说法中，__（65）__不在这三类指标之列。

（65）A．系统响应时间　　　　　　B．系统吞吐率
　　　　C．资源利用率　　　　　　　D．平均维护时间

试题（65）分析

本题考查对计算机系统性能评价中的计算机系统负载和工作能力评价指标所包括内容的掌握程度。

反映计算机系统负载和工作能力的常用指标主要有三类：①系统响应时间（Elapsed Time），时间是衡量计算机性能最主要和最为可靠的标准，系统响应能力根据各种响应时间进行衡量，它指计算机系统完成某一任务（程序）所花费的时间。②系统吞吐率（Throughput），是系统生产力的度量标准，描述了单位时间内系统处理的工作量。③资源利用率（Utilization Ratio），以系统资源处于忙状态的时间为度量标准。系统资源是计算机系统中能分配给某项任务的任何设施，包含系统中的任何硬件、软件和数据资源。

参考答案

（65）D

试题（66）

系统性能的评价方法中，排队模型包括三个部分，下列选项 __（66）__ 不在这三部分之列。

（66）A．输出流　　　　B．输入流　　　　C．排队规则　　　　D．服务机构

试题（66）分析

本题考查对系统性能评价方法和工具的正确理解与掌握程度。

系统性能评价方法大致可分为两类，即模型法和测量法，其中模型法又分为分析模型法和模拟模型法，排队模型是分析模型法里使用最多的一种方法。排队模型包括三部分：①输入流，指各种类型的"顾客"按什么样的规则到来；②排队规则，对于来的顾客按怎样的规则次序接受服务；③服务机构，指同一时刻有多少服务设备可接纳顾客，为每一顾客需要服务多少时间。此方法中，没有输出流这一提法。

参考答案

（66）A

试题（67）

在系统性能评价中对系统能力的管理涉及设计和构建能力数据库。规划和构建能力数据库时应当考虑多方面问题，下列说法中，__（67）__ 不在应当考虑的范围之列。

（67）A．用于集中式数据存储的硬件和软件的可用性
　　　B．指定专人负责能力数据库的更新和维护，其他人只有查阅权限
　　　C．定期对能力数据库的内容进行审查和核对
　　　D．平均维护时间一定要限定在毫秒级之内

试题（67）分析

本题考查对系统能力管理涉及的设计和构建能力数据库所包括的内容的掌握程度。

能力数据库是成功实施能力管理流程的基础。规划和构建能力数据库时应当考虑的问题主要包括：①用于集中式数据存储的硬件和软件的可用性；②指定专人负责能力数据库的更新和维护，其他人只有查阅权限；③定期对能力数据库的内容进行审查和核对。平均维护时间不是能力数据库构建必须考虑的主要问题，况且其限定较为苛刻。

参考答案

（67）D

试题（68）

信息系统成本的构成中不包括 __（68）__ 。

(68) A. 输出成本　　　　　　　　　B. 系统运行环境和设施费用
　　　C. 系统开发成本　　　　　　　D. 系统运行和维护成本

试题（68）分析

本题考查对信息系统成本的构成的正确理解与掌握程度。

信息系统的成本主要根据系统在开发、运行、维护、管理、输出等方面的资金耗费以及人力、能源的消耗和使用来确定。简单地说，系统的成本构成应该包括：①系统运行环境和设施费用；②系统开发成本；③系统运行和维护成本。信息系统成本的简单划分中，没有输出成本这一提法。

参考答案

　　（68）A

试题（69）

信息系统经济效益评价方法中，不包括下列选项中的__(69)__。

(69) A. 投入产出分析法　　　　　　B. 分布均值计算法
　　　C. 成本效益分析法　　　　　　D. 价值工程方法

试题（69）分析

本题考查对信息系统经济效益评价方法的理解与掌握程度。

信息系统经济效益评价方法主要有以下几种：①投入产出分析法，经济学中常用的衡量某一经济系统效益的重要方法，分析手段主要是采用投入产出表；②成本效益分析法，成本效益分析即用一定的价格，分析测算系统的效益和成本，从而计算系统的净收益，以判断该系统在经济上的合理性；③价值工程方法，以价值工程的基本方程式（一种产品的价值等于其功能与成本之比）为基础，判断功能与费用是否达到最佳配合比例。这些方法中，没有分布均值计算法这样的提法。

参考答案

　　（69）B

试题（70）

信息系统评价的主要方法有四类，它们是：专家评估法、技术经济评估法、模型评估法及系统分析法；灵敏度分析法属于__(70)__。

(70) A. 专家评估法　　　　　　　　B. 技术经济评估法
　　　C. 系统分析法　　　　　　　　D. 模型评估法

试题（70）分析

本题考查对信息系统评价方法的理解与掌握程度。

信息系统评价的四类方法中，专家评估法包括：德尔菲法、评分法、表决法、检查表法；技术经济评估法包括：净现值法、利润指数法、内部报酬率法、索别尔曼法；系统分析法包括：决策分析、风险分析、灵敏度分析、可行性分析、可靠性分析；模型评估法包括：系统动力学模型、投入产出模型、计量经济模型、经济控制论模型、成本效益分析。

参考答案

　　（70）C

试题（71）～（75）

The purpose of a programming system is to make a computer easy to use. To do this, it furnishes languages and various facilities that are in fact programs invoked and controlled by language features. But these facilities are bought at a price: the external description of a programming system is ten to twenty times as large as the external description of the computer system itself. The user finds it far easier to specify any particular function, but there are far more to choose from, and far more options and formats to remember.

Ease of use is enhanced only if the time gained in functional specification exceeds the time lost in learning, remembering, and searching manuals. With modern programming systems this gain does exceed the cost, but in recent years the ratio of gain to cost seems to have fallen as more and more complex ___(71)___ have been addeD.

Because ease of use is the purpose, this ratio of function to conceptual complexity is the ultimate test of system design. Neither function alone nor simplicity alone ___(72)___ a good design.

This point is widely misunderstood. Function, and not simplicity, has always been the measure of excellence for its designers. As soon as ease of use is held up as the criterion, each of these is seen to be ___(73)___, reaching for only half of the true goal.

For a given level of function, however, that system is best in which one can specify things with the most simplicity and straightforwardness. ___(74)___ is not enough. Mooers's TRAC language and Algol 68 achieve simplicity as measured by the number of distinct elementary concepts. They are not, however, straightforward. The expression of the things one wants to do often requires involuted (复杂的) and unexpected combinations of the basic facilities. It is not enough to learn the elements and rules of combination; one must also learn the idiomatic usage, a whole lore of how the elements are combined in practice. Simplicity and straightforwardness proceed from conceptual ___(75)___. Every part must reflect the same philosophies and the same balancing of desiderata. Every part must even use the same techniques in syntax and analogous notions in semantics. Ease of use, then, dictates unity of design, conceptual integrity.

(71) A．systems B．functions C．programs D．manuals
(72) A．defines B．can be C．constructs D．costs
(73) A．stabilize B．equalized C．unbalanced D．balanced
(74) A．Function B．System C．Straightforwardness D．Simplicity
(75) A．integrity B．isolation C．durability D．consistency

参考译文

编程系统（软件）的目的是使计算机更加容易使用。为了做到这一点，计算机装备了语言和各种工具，这些工具实际上也是被调用的程序，受到编程语言的控制。使用这些工具是有代价的：软件外部描述的规模大小是计算机系统本身说明的 10～20 倍。用户会发现寻找一个特定功能是很容易的，但却有太多的选择，要记住太多的选项和格式。

只有当这些功能说明节约下来的时间，比用在学习、记忆和搜索手册上的时间要少时，易用性才会得到提高。现代编程系统节省的时间的确超过了花费的时间，但是近年来，随着越来越多的功能添加，收益和成本的比率正逐渐地减小。

由于目标是易用性，功能与理解上复杂程度的比值才是系统设计的最终测试标准。单是功能本身或者易于使用都无法成为一个好的设计评判标准。

然而这一点被广泛地误解了。功能，而非简洁，总是被用来衡量设计人员工作的出色程度。但是，一旦以易用性作为衡量标准，单独的功能和易于使用都是不均衡的，都只达到了真正目标的一半。

对于给定级别的功能，能用最简洁和直接的方式来指明事情的系统是最好的。只有简洁（simplicity）是不够的，Mooers 的 TRAC 语言和 Algol 68 用很多独特的基本概念达到了所需的简洁特性，但它们并不直白（straightforward）。要表达一件待完成的事情，常常需要对基本元素进行意料不到的复杂组合。而且，仅仅了解基本要素和组合规则还不够，还需要学习晦涩的用法，以及在实际工作中如何进行组合。简洁和直白来自概念的完整性。每个部分必须反映相同的原理、原则和一致的折衷机制。在语法上，每个部分应使用相同的技巧；在语义上，应具有同样的相似性。因此，易用性实际上需要设计的一致性和概念的完整性。

参考答案

  （71）B （72）A （73）C （74）D （75）A

第 4 章 2017 上半年信息系统管理工程师下午试题分析与解答

试题一（共 15 分）

阅读下列说明，回答问题 1 至问题 4，将解答填入答题纸的对应栏内。

【说明】

某婚庆公司为了便于开展和管理公司各项业务活动、方便用户，提高公司的知名度和影响力，拟构建一个基于网络的婚礼策划系统。

【需求分析】

1. 公司设有受理部、策划部和其他部门。部门信息包括部门号、部门名、部门主管、联系方式。每个部门只有一名主管，每个主管只负责一个部门的管理工作；一个部门有多名员工，每名员工只属于一个部门。

2. 员工信息包括员工号、姓名、部门号、职位、联系方式和薪资；其中，职位包括主管、业务员、策划员等。业务员负责受理用户申请，设置受理标志，并填写业务员的员工号。一名业务员可以受理多个用户申请，但一个用户申请只能由一名业务员受理。

3. 用户信息包括用户号、用户名、电话、联系地址。其中，用户号唯一标识用户信息中的每一个元组。

4. 用户申请信息包括申请号、婚礼日期、婚礼地点、用户号、预算费用、受理标志和业务员（参照员工关系的员工号）。申请号唯一标识申请信息中的每一个元组，且一个用户可以提交多个申请，但一个用户申请只对应一个用户号。

5. 策划部主管为已受理的用户申请制定婚礼策划任务。策划任务包括申请号、策划内容、参与人数、要求完成时间、主管（参照员工关系的员工号），申请号唯一标识策划任务的每一个元组。一个策划任务只对应一个已受理的用户申请，但一个策划任务可由多名策划员参与执行，且一名策划员可以参与执行多项策划任务。

【概念模型设计】

根据需求阶段收集的信息，设计的实体联系图和关系模式（不完整）如下：

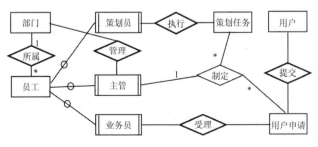

图 1-1 实体联系图

【关系模式设计】

部门(部门号,部门名称,主管,电话,邮箱号)
员工(员工号,姓名, (a) ,职位,联系方式,薪资)
用户(用户号,用户名,联系电话,联系地址)
用户申请(申请号,婚礼日期,婚礼地点,用户号, (b) ,受理标志, (c))
策划任务((d) ,策划内容,参与人数,要求完成时间,主管)
执行(申请号,策划员,实际完成时间)

【问题1】(4分)

根据题意,将关系模式中的空(a)~(d)的属性补充完整,并填入答题纸对应的位置上。

【问题2】(4分)

根据需求分析,可以得出图1-1所示的实体联系图中联系的类型。请按以下描述确定联系类型并填入答题纸对应的位置上。

部门与主管之间的"管理"联系类型为 (e) ;
策划员与策划任务之间的"执行"联系类型为 (f) ;
用户申请与业务员之间的"受理"联系类型为 (g) ;
用户与用户申请之间的"提交"联系类型为 (h) 。

【问题3】(5分)

用户申请关系的主键为 (i) ,用户申请关系的外键为 (j) 、 (k) 。
策划任务关系的主键为 (l) ,策划任务关系的外键为 (m) 。

【问题4】(2分)

请问"执行"关系的主键为(申请号,策划员)的说法正确吗?为什么?

试题一分析

本题考查数据库系统中实体联系模型(E-R模型)和关系模式设计方面的基础知识。

【问题1】

根据题意,员工信息包括员工号、姓名、部门号、职位、联系方式和薪资,所以空(a)应填写"部门号"。

用户申请信息包括申请号、婚礼日期、婚礼地点、用户号、预算费用、受理标志和业务员(即该业务员的员工号),故空(b)应填写"预算费用",空(c)应填写"业务员"。

策划任务包括申请号、策划内容、参与人数、要求完成时间、主管(即策划部主管的员工号),故空(d)应填写"申请号"。

【问题2】

根据题干1中所述"每个部门只有一名主管,每个主管只负责一个部门的管理工作",故部门与主管之间的"管理"联系类型为1:1。

根据题干5中所述"一个策划任务可由多名策划员参与执行,且一名策划员可以参与多项策划任务",故策划员与策划任务之间的"执行"联系类型为*:*(多对多)。

根据题干 2 中所述"一名业务员可以受理多个用户申请,但一个用户申请只能由一名业务员受理",故用户申请与业务员之间的"受理"联系类型为*:1(多对一)。

根据题干 4 中所述"一个用户可以提交多个申请,但一个用户申请只对应一个用户号",故用户与用户申请之间的"提交"联系类型为1:*(一对多)。

根据上述分析,完善图 1-1 所示的实体联系图如图 1-2。

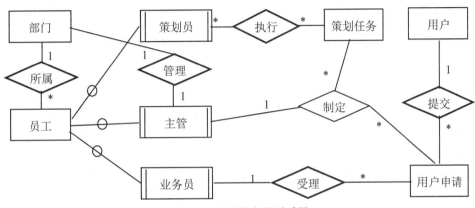

图 1-2 完善的实体联系图

【问题 3】

根据题干 4 中所述"申请号唯一标识申请信息中的每一个元组",用户申请关系的主键为申请号。由于"用户号"为用户关系的主键,"员工号"为员工关系的主键,而"业务员"必须参照员工关系的员工号,故用户申请关系的外键为用户号、业务员。

根据题干 5 中所述"申请号唯一标识策划任务的每一个元组",故策划任务关系的主键为申请号。又由于"主管"必须参照员工关系的员工号,故策划任务关系的外键为主管。

【问题 4】

"执行"关系的主键为(申请号,策划员)的说法是正确的。执行联系类型是*:*的必须建立一个独立的关系模式,该模式的属性由两端的码加上联系的属性构成。

参考答案

【问题 1】

(a) 部门号

(b) 预算费用

(c) 业务员 或员工号

(d) 申请号

【问题 2】

(e) 1:1

(f) *:*

(g) 1:*

(h) *:1

注：1:1 答 一对一、1:* 答 一对多、*:1 答 多对一、*:* 答 多对多，均算正确。

【问题 3】

(i) 申请号

(j) 用户号

(k) 业务员

注（j）、(k) 可互换

(l) 申请号

(m) 主管

【问题 4】

正确。由于执行联系类型是*:*，必须建立一个独立的关系模式，该模式的主键由两端的码构成。

试题二（共 15 分）

阅读以下说明，回答问题 1 至问题 3，将答案填入答题纸的对应栏内。

【说明】

某物流公司为了有效管理公司的合同，拟在信息统一资源平台上增加合同管理软件模块。经过招标，合同管理软件开发项目由 M 软件公司中标，并将该项目交给李工负责设计和测试。

【需求分析】

合同管理系统主界面由系统维护、合同录入/查询、合同管理三大部分组成。

（1）系统维护模块的主要功能是：权限/密码管理、界面设置、路径设置、日志管理、数据备份/还原。

（2）合同管理模块的主要功能是：合同类型管理、合同审阅、合同签订、合同打印。

（3）合同录入/查询模块的主要功能是：导入合同、合同起草、合同修改查询。

根据需求分析的结果，李工设计的合同管理系统功能结构图如图 2-1 所示。

【问题 1】（9 分）

请将图 2-1 中的空（a）～（o）的功能补充完整，并填入答题纸问题 1 对应的位置上。

【问题 2】（4 分）

合同审阅流程图如图 2-2 所示，请从如下备选答案中选择合适的一项填入答题纸问题 2 空（a）～（h）对应的位置上。

①合同编号有误请重输　　②重号次数超限　　③编号是否正确？

④合同是否存在问题？　　⑤登记相关问题　　⑥显示合同并审阅

⑦置审阅通过标志　　　　⑧输入合同编号

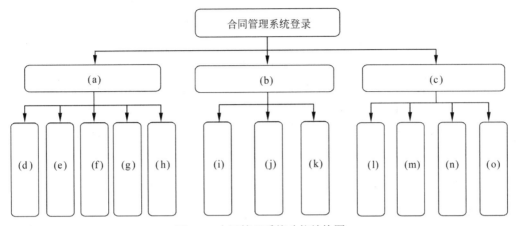

图 2-1 合同管理系统功能结构图

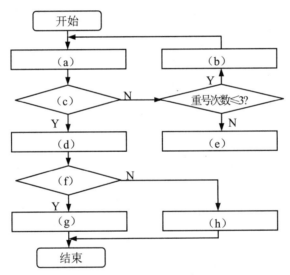

图 2-2 合同审阅流程图

【问题 3】（2 分）

李工采用白盒测试方法对某程序进行测试，该程序流程图如图 2-3 所示。为此，李工设计了 4 个测试用例①~④，测试用例如下所示：

① （X1=0, X2=3）
② （X1=1, X2=2）
③ （X1=−1, X2=2）
④ （X1=3, X2=1）

（1）为了完成语句覆盖至少需要测试用例_____。
（2）为了完成路径覆盖至少需要测试用例_____。

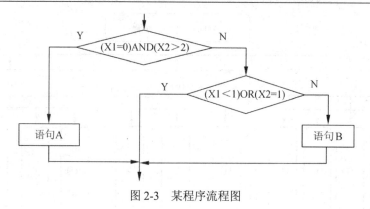

图 2-3 某程序流程图

试题二分析

【问题 1】

根据题意，合同管理系统主界面由系统设置、合同录入/查询、合同管理三大部分组成，而每部分有不同的功能需求，故不难得出空（a）～（o）应填写的内容。完善的合同管理系统功能结构图如图 2-4 所示。

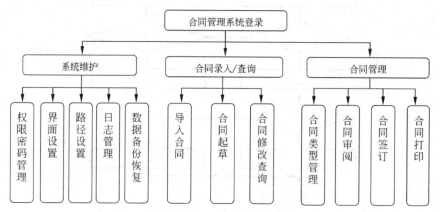

图 2-4 完善的合同管理系统功能结构图

【问题 2】

软件测试主要包括单元测试、组装测试、确认测试和系统测试。其测试顺序为：单元测试→组装测试→确认测试→系统测试。

单元测试（Unit Testing）是对源程序中的每一个程序单元进行测试，验证每个模块是否满足系统设计说明书的要求。

组装测试（Integration Testing）是将已测试过的模块组合成子系统，重点测试各模块之间的接口和联系。

确认测试（Validation Testing）是对整个软件进行验收，根据系统分析说明书来考查软件是否满足要求。

系统测试（System Testing）是将软件、硬件、网络等系统的各个部分连接起来，对整个系统进行总的功能、性能等方面的测试。系统测试主要有以下内容：

（1）恢复测试（Recovery Testing）是检测系统的容错能力。检测方法是采用各种方法让系统出现故障，检验系统是否能从故障中恢复过来，并在预定的时间内开始事务处理，而且不对系统造成任何损害。如果系统的恢复是自动的（由系统自动完成），需要验证重新初始化、检查点、数据恢复等是否正确。如果恢复需要人工干预，就要对恢复的平均时间进行评估并判断它是否在允许的范围内。

（2）安全性测试（Security Testing）是检测系统的安全机制、保密措施是否完善且没有漏洞，主要是为了验证系统的防范能力。测试的方法是测试人员模拟非法入侵者，采用各种方法冲破防线。例如，以系统的输入作为突破口，利用输入的容错性进行正面攻击；故意使系统出错，利用系统恢复的过程，窃取口令或其他有用的信息；想方设法截取或破译口令；利用浏览非保密数据，获取所需信息等。从理论上说，只要时间和资源允许，没有进入不了的系统。所以，系统安全性设计准则是使非法入侵者所花费的代价比进入系统后所得到的好处要大，此时非法入侵已无利可图。

（3）强度测试（Stress Testing）是对系统在异常情况下的承受能力的测试，检查系统在极限状态下的运行情况，观察其性能下降的幅度是否在允许的范围内。因此，强度测试要求系统在非正常数量、频率或容量的情况下运行。例如，运行使系统处理超过设计能力的最大允许值的测试用例；设计测试用例使系统传输超过设计最大能力的数据，包括内存的写入和读出等；对磁盘保留的数据，设计产生过度搜索的测试用例；等等。强度测试主要是为了发现在有效的输入数据中可能引起不稳定或不正确的数据组合。

（4）性能测试（Performance Testing）是检查系统是否满足系统分析说明书对性能的要求。特别是实时系统或嵌入式系统，即使软件的功能满足需求，但性能达不到要求也是不行的。性能测试覆盖了软件测试的各阶段，而不是等到系统的各部分都组装之后，才确定系统的真正性能。通常与强度测试结合起来进行，并同时对软件、硬件进行测试。软件方面主要从响应时间、处理速度、吞吐量、处理精度等方面来检测。

（5）可靠性测试（Reliability Testing）。当系统分析说明书中提出了可靠性要求时，要对系统的可靠性进行测试。通常使用平均失效间隔时间（MTBF）和因故障而停机时间（MTTR）这两个指标来衡量系统的可靠性。

（6）安装测试（Installation Testing）。在安装软件系统时，会有多种选择。安装测试就是为了检测在安装过程中是否有误、是否易操作等。主要检测：系统的每个部分是否齐全；硬件的配置是否合理；安装中需要产生的文件和数据库是否已产生，其内容是否正确；等等。

【问题 3】

测试用例①（X1=0, X2=3）在第一个判断结果为 Y，执行语句 A；测试用例②（X1=1, X2=2）在第一个判断结果为 N，第二个判断结果为 N，执行语句 B；测试用例③（X1=−1, X2=2）和④（X1=3, X2=1）在第一个判断结果为 N，第二个判断结果为 Y。

综上分析，至少需要测试用例①②才能完成语句覆盖，至少需要测试用例①②③或①②

④才能完成路径覆盖。
参考答案
【问题 1】
(a) 系统维护

(b) 合同录入/查询

(c) 合同管理

(d) 权限/密码管理

(e) 界面设置

(f) 路径设置

(g) 日志管理

(h) 数据备份/还原

注：(d) ～ (h) 可互换

(i) 导入合同

(j) 合同起草

(k) 合同修改/查询

注：(i) ～ (k) 可互换

(l) 合同类型管理

(m) 合同审阅

(n) 合同签定

(o) 合同打印

注 (l) ～ (o) 可互换

【问题 2】
(a) ⑧　或　输入合同编号

(b) ①　或　合同编号有误请重输

(c) ③　或　编号是否正确？

(d) ⑥　或　显示合同并审阅

(e) ②　或　重号次数超限

(f) ④　或　合同是否存在问题？

(g) ⑤　或　登记相关问题

(h) ⑦　或　置审阅通过标志

【问题 3】
(1) ①②

(2) ①②③或①②④

试题三（共 15 分）
阅读以下说明，回答问题 1 至问题 3，将解答填入答题纸的对应栏内。

第4章 2017上半年信息系统管理工程师下午试题分析与解答

【说明】

某IT企业承接了为用户开发ERP软件系统的项目，并向用户单位派驻了工程师小张负责业务沟通。请围绕小张在工作期间遇到的情况进行分析，并回答相关问题。

情况1：项目开始后，用户对软件系统的管理流程、业务功能、软件可操作性进行了调整。经过测算，调整工作会增加5%的开发成本，并导致软件的实际交付时间推后40天。因此小张坚持以双方签订软件合同为准，避免调整工作内容。

情况2：小张认为软件开发工作需要软件企业和用户双方共同合作完成，希望用户能参与一部分软件测试工作。而用户认为软件测试工作是软件企业的事情，在软件系统交付前不需要参与测试工作。

【问题1】（4分）

（1）在情况1中小张的处理方式是否合适，并说明理由。

（2）该案例中，软件企业如何应对用户需求变更。

【问题2】（6分）

（1）在情况2中用户的观点是否合适，并说明理由。

（2）请选择正确的测试方法并将其与下列软件测试内容连线。

【问题3】（5分）

（1）软件测试实际上分成如下四个步骤，请给出正确的测试顺序。

①系统测试　②组装测试　③单元测试　④确认测试

（2）请简单说明系统测试主要包括哪些部分。

试题三分析

本题考查信息系统管理知识及应用。

信息系统项目的全过程主要包括立项、可行性研究、招投标、设计、建设准备、开发、实施、竣工、交付使用、维护等。在项目的建设过程中，有关项目的变更是经常发生的事项，并且项目变更的范围、结果对项目的建设成正比例关系，变更常伴随项目合同价格和实施进度的调整，是项目各方利益的焦点。合理确定并处理好项目变更，可以避免纠纷，保证合同顺利实施。项目变更的形式主要是增加、转换和减少三种，都会对项目的进度、成本、风险和合同等产生影响。因此在项目变更过程中必须做好变更事项的事前控制、项目各方的有效沟通、项目各方对变更的确认等工作。

软件测试通常包括两个方面的含义：第一是检验软件是否正确地实现了产品规格所定义的系统功能和特性；第二是确认软件是否满足用户真正的活动需求。软件测试可以从测试方法、测试阶段或层次和测试目标特性三个大的方面进行分类，也可以按测试过程中软件是否被执行分为静态和动态测试，因此软件测试是一个较为广泛的概念。

在本题中，白盒测试和黑盒测试是基于是否关注软件结构与算法而进行的测试方法的分类；增量测试是将未测试的模块在集成的过程中边连接边测试，以便发现连接过程中产生的问题；恢复测试主要检查系统的容错功能，当系统出现错误时，能否在指定条件下修正并重启动。

系统测试是针对整个产品系统进行的测试，目的是验证系统是否满足了需求规格的定义，找出与需求规格不符或与之矛盾的地方，从而提出更加完善的方案。系统测试对象不仅包括需测试的软件，还要包含软件所依赖的硬件、外设，甚至包括某些数据、某些支持软件及其接口等。系统测试包括恢复测试、安全性测试、强度测试、性能测试、可靠性测试、安装测试等内容。

参考答案

【问题1】

（1）不合适。用户的需求随项目的进展进一步明确，导致费用、进度计划更改，是信息系统项目的特点。

（2）企业做好项目的监控和变更计划，加强与用户的沟通和变更的确认工作。

【问题2】

（1）不合适。系统测试需要用户参与共同完成。

（2）

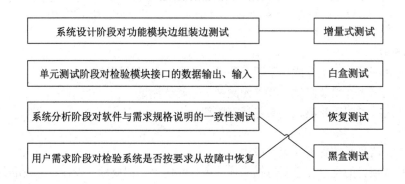

【问题3】

（1）③→②→④→①

（2）以下6项答出3项即可

①恢复测试

②安全性测试

③强度测试

④性能测试

⑤可靠性测试

⑥安装测试

试题四（共 15 分）

阅读以下说明，回答问题 1 至问题 3，将解答填入答题纸的对应栏内。

【说明】

故障处置是信息管理的日常工作之一，故障产生有因设备部件损坏发生的硬件故障、错误配置发生的软件故障及不符合标准的人为操作等原因。当故障出现时应该在技术上或者管理措施上尽快处置，减少因为服务中断和服务质量降低造成的损失。

请围绕日常故障处置情况，从规范故障管理的角度回答下列问题。

【问题 1】（5 分）

从故障监视的过程中发现故障到对故障信息的调研，再到故障的恢复处理和故障排除，形成了一个完整的故障管理活动。

（1）请将图中空 A、空 B 的正确答案填入答题纸对应的栏目中，以完善图 4-1 故障管理流程的内容。

（2）简要回答：在故障管理中针对不同监视对象有哪些监视方法。

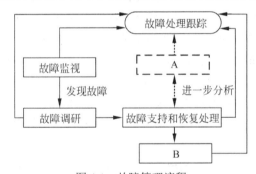

图 4-1 故障管理流程

【问题 2】（6 分）

数据库故障是维护工作中常见故障，请说明不同类型的数据库故障的处置措施。

【问题 3】（4 分）

在问题控制与管理中，问题经常是在分析多个呈现相同症状的故障后被发现的。请简要说明：

（1）问题控制目标。

（2）问题控制步骤。

试题四分析

本题考查信息系统管理知识及应用。

故障管理是信息系统管理的基本要求之一。信息系统在运行中不可避免地会产生故障，当系统中某个组件失效时，必须迅速查找到故障所在并进行及时排除。一般情况下，迅速隔离某个故障的可能性不大，因为产生信息系统故障的因素通常是很复杂的，尤其是由多个组件共同引起的故障。在这种状况下，需要通过发现故障、分析定位、故障恢复、进一步对故障进行跟踪等多个步骤进行修复，防止类似故障的再度发生。故障定位是故障维护中不可或缺的一个环节，目的是确定系统中故障的位置。为确定故障根源，常常需要将诊断、测试及性能监测获得的数据结合起来进行分析。故障管理的结果是故障的排除或者故障的终止。

数据库系统中常见的四种故障主要有事务内部的故障、系统故障、介质故障以及病毒故障。

事务内部故障表明事务没有提交或撤销就结束了，因此数据库可能处于不准确的状态。事务内部故障可分为预期的和非预期的。预期的事务内部故障是指可以通过事务程序本身发现的事务内部故障，需要将事务回滚，撤销对数据库的修改；非预期的事务内部故障是不能由事务程序处理的，如运算溢出故障、并发事务死锁故障、违反了某些完整性限制而导致的故障等，需要进行强制回滚事务，在保证该事务对其他事务没有影响的条件下，利用日志文件撤销其对数据库的修改。

系统故障也称为软故障，是指数据库在运行过程中，由于硬件故障、数据库软件及操作系统的漏洞、突然停电等情况，导致系统停止运转。出现这类故障需要启动系统，对于未完成的事务可能写入数据库的内容，需要回滚所有未完成的事务写的结果；对于已完成的事务，可能部分或全部留在缓冲区的结果，需要重做所有已提交的事务。

介质故障也称为硬故障，是指在运行过程中，由于磁头碰撞、磁盘损坏、强磁干扰、天灾人祸等情况，使得数据库中的数据部分或全部丢失的一类故障。介质故障的软件容错使用数据库备份及事务日志文件，通过恢复技术，恢复数据库到备份结束时的状态。介质故障的硬件容错采用双物理存储设备，使两个硬盘存储内容相同，当其中一个硬盘出现故障时，及时使用另一个备份硬盘。

病毒故障是一种恶意的计算机程序，它可以像病毒一样繁殖和传播，在对计算机系统造成破坏的同时也可能对数据库系统造成破坏（破坏方式以数据库文件为主）。使用防火墙软件防止病毒侵入，对于已感染病毒的数据库文件，使用杀毒软件进行查杀，如果杀毒软件杀毒失败，此时只能用数据库备份文件，以软件容错的方式恢复数据库文件。

参考答案
【问题1】
（1）A．故障分析定位 或确定故障
　　　B．故终止 或故障排除
（2）监视的方法包括：
①对于人员的操作行为监视主要采取跟踪和记录的方式。
②对于硬件和软件性能的监视主要采用监控工具软件。
③对于应用系统的缺陷主要由测试工程师和用户监视。

【问题 2】
①事务故障，处理措施通过事务回滚撤销数据库的修改。
②系统故障，处理措施重启系统。
③介质故障，重装数据库，重做已经完成的事务；或者采取软硬件容错的方式。
④病毒故障，安装防火墙，杀毒，软件容错方式恢复。

【问题 3】
（1）问题控制的目标是防止再次发生错误。
（2）答出以下两点即可。
①发现和记录问题。
②问题分类。
③调查和分析。

试题五（共 15 分）

阅读以下说明，回答问题 1 至问题 4，将解答填入答题纸的对应栏内。

【说明】

某 IT 部门的小张在撰写本企业的信息化管理报告时，提到企业信息安全的管理所存在的问题时有如下表述（下面方框内）。

> 企业销售系统数据库没有配置安全审计策略，数据安全没有保障。
> 网上销售系统采用的 HTTP 协议，需要升级成 HTTPS 协议，确保在传输过程中的数据安全。
> 企业各部门人员进出数据机房存在记录日志不规范的现象，有些记录缺少人员出入的时间、运维内容、维护结果的登记。
> 企业仅有一条百兆网络出口线路，当网络线路出现故障时不能保障业务的连续性。

请分析小张提出的企业信息安全问题，并结合信息安全管理的相关知识回答下列问题。

【问题 1】（6 分）

请简要说明安全审计对数据安全保障的作用。

【问题 2】（4 分）

（1）HTTPS 协议在传输过程中如何确保数据的安全。
（2）访问 HTTPS 网站与访问 HTTP 网站的区别是什么。

【问题 3】（3 分）

简要叙述对信息化人员的安全管理包括哪些方面。

【问题 4】（2 分）

为了保障业务的连续性，拟配置两条百兆网络出口线路，请简要说明应该如何配置策略路由。

试题五分析

本题考查信息系统安全知识及应用。

信息系统安全审计是评判一个信息系统是否真正安全的重要标准之一。通过安全审计收集、分析、评估安全信息、掌握安全状态，制定安全策略，确保整个安全体系的完备性、合理性和适用性，才能将系统调整到"最低风险"的状态。安全审计已成为企业内控、信息系统安全风险控制等不可或缺的关键手段，也是威慑、打击内部计算机犯罪的重要手段。

信息系统安全审计主要指对与安全有关的活动的相关信息进行识别、记录、存储和分析；审计记录的结果用于检查网络上发生了哪些与安全有关的活动，结果的承担责任。

超文本传输安全协议（Hypertext Transfer Protocol Secure，也被称为 HTTP over TLS 或 HTTP over SSL 或 HTTP Secure）是一种网络安全传输协议。在网络上传输，HTTPS 经由超文本传输协议进行通信，并利用 SSL/TLS 来对数据包进行加密。HTTPS 的主要目的是提供对网络服务器的身份认证，保护交换数据的隐私与完整性。网站要实现 HTTPS 访问，需要在 CA 机构申请 SSL 证书，并将 SSL 证书部署到服务器端，开启 443 端口实现 HTTPS 访问。

对信息化人员的安全管理包括对人员资格的审核、对相关法律法规的培训和考核等内容，包括对信息系统权限的授权原则和权限的设置，包括信息系统操作日志的管理等内容。

业务的连续性是信息系统安全运行的重要指标之一。要保证信息系统的安全运行，要考虑在软、硬件设备的配置符合运行的需求，网络配置一定的冗余度适应环境的变化。双出口的策略路由配置可以避免由于网络环境的变化对信息业务产生影响。

参考答案

【问题 1】

①对数据库进行安全审计分析，可以改善数据库性能，防范数据故障。

②审计对数据库的访问，进行审计跟踪、入侵检测。

③对操作人员的操作行为进行审计，加强内部风险控制。

【问题 2】

（1）HTTPS 由于采用了 SSL/TLS 加密措施，可保证用户和服务器之间的数据传输不被窃听或篡改。

（2）访问 HTTPS 网站时需要使用数字证书（或答 CA 证书，或答 SSL 证书），在浏览器中使用 HTTPS 协议；而 HTTP 网站则不需要。

【问题 3】

①强化人员的审查、培训、考核工作

②做好权限控制和安全保密工作

③做好人员的交接日志记录

【问题 4】

①策略路由可以根据数据包的源地址/目标地址的 IP 或者端口、协议进行配置。

②当一条线路出现故障自动切换到另外的线路上。

第 5 章　2018 上半年信息系统管理工程师上午试题分析与解答

试题（1）

中央处理器（CPU）中的控制器部分不包含 __(1)__ 。

(1) A．程序计数器（PC）　　　　　　B．指令寄存器（IR）
　　C．算逻运算部件（ALU）　　　　　D．指令译码器

试题（1）分析

本题考查计算机系统硬件知识。

中央处理器是计算机系统中硬件部分的一个核心部件，主要包括控制单元（控制器）、运算单元（运算器）和寄存器组，其中控制单元根据程序计数器给出的指令地址从内存读取指令，先将读取到的指令暂存在指令寄存器中，然后用指令译码器进行分析，最后通过发出相应的控制命令来完成指令的执行。其中，程序计数器、指令寄存器和指令译码器都属于控制器的组成部分。

参考答案

(1) C

试题（2）

以下关于 GPU 的叙述中，错误的是 __(2)__ 。

(2) A．GPU 是 CPU 的替代产品
　　B．GPU 目前大量用在比特币的计算方面
　　C．GPU 采用单指令流多数据流计算架构
　　D．GPU 擅长进行大规模并发计算

试题（2）分析

本题考查计算机系统硬件知识。

CPU 和 GPU 有不同的设计目标，分别针对不同的应用场景。

CPU 虽然有多核，每个核都有足够大的缓存和足够多的数字和逻辑运算单元，但是需要很强的通用性来处理各种不同的数据类型，同时又要逻辑判断又会引入大量的分支跳转和中断的处理。这些都使得 CPU 的内部结构异常复杂。

GPU 的核数远超 CPU，被称为众核（NVIDIA Fermi 有 512 个核）。每个核拥有的缓存相对较小，数字逻辑运算单元也少而简单（GPU 初始时在浮点计算上一直弱于 CPU），面对的则是类型高度统一的、相互无依赖的大规模数据和不需要被打断的纯净的计算环境。

参考答案

(2) A

试题（3）

计算机在执行程序指令时，将指令的执行过程分为若干个子过程，每个子过程与其他子过程并行进行，这种处理属于__(3)__技术。

(3) A．云计算　　　B．大数据　　　C．流水线　　　D．冗余设计

试题（3）分析

本题考查计算机系统知识。

云计算（Cloud Computing）是基于互联网的相关服务的增加、使用和交付模式，通常涉及通过互联网来提供动态易扩展且经常是虚拟化的资源。云是网络、互联网的一种比喻说法。

大数据（Big Data）是巨量数据的集合，无法在一定时间范围内用常规软件工具进行捕捉、管理和处理的数据集合，是需要新处理模式才能具有更强的决策力、洞察发现力和流程优化能力的海量、高增长率和多样化的信息资产。

从技术上看，大数据与云计算的关系就像一枚硬币的正反面一样密不可分。大数据必然无法用单台的计算机进行处理，必须采用分布式架构。它的特色在于对海量数据进行分布式数据挖掘。但它必须依托云计算的分布式处理、分布式数据库和云存储、虚拟化技术。

流水线又称为装配线，是一种工业上的生产方式，指每一个生产单位只专注处理某一个片段的工作，以提高工作效率及产量。

参考答案

(3) C

试题（4）

在计算机系统的存储层次结构中，能被 CPU 中的计算单元和控制单元以最快速度来使用的是__(4)__。

(4) A．高速缓存（Cache）　　　　B．主存储器（DRAM）
　　C．闪存（Flash Memory）　　D．寄存器（Registers）

试题（4）分析

本题考查计算机存储系统知识。

寄存器是 CPU 中的存储单元，存储速度比高速缓存 Cache 和主存都要快。

参考答案

(4) D

试题（5）

固态硬盘采用__(5)__来存储信息。

(5) A．磁盘存储器　　　　B．半导体存储器
　　C．光盘存储器　　　　D．虚拟存储器

试题（5）分析

本题考查计算机存储系统知识。

目前广泛使用的固态硬盘采用半导体存储器来存储信息，可作为计算机系统的硬盘来使用，与采用磁存储器的传统机械硬盘相比，体积更小、重量更轻，同时具有更快的访问速度。

参考答案

（5）B

试题（6）

如果在 n 位数据中增加 1 位偶校验位进行传输，那么接收方收到的 n+1 位二进制信息中，__(6)__。

(6) A．有 1 位出错时可以找出错误位置

B．有 1 位出错时可以发现传输错误但不能确定出错位置

C．n 个数据位中有偶数个位出错时，可以检测出传输错误并确定出错位置

D．n 个数据位中有奇数个位出错时，可以检测出传输错误并确定出错位置

试题（6）分析

本题考查计算机中的数据校验知识。

采用偶校验的数据传输过程中，如果有 1 位或奇数个位出错（0 变成 1 或者 1 变成 0），都将导致被校验的二进制序列中 1 的个数的奇偶性发生变化，但是无法确定是哪一位或哪些位出错。

参考答案

（6）B

试题（7）

计算机程序的三种基本控制结构是顺序、选择和__(7)__。

(7) A．循环　　　　B．递归　　　　C．函数调用　　　　D．动态绑定

试题（7）分析

本题考查计算机程序设计基础知识。

计算机程序的三种基本控制结构是顺序结构、分支（或选择）结构和循环结构，任何程序的处理逻辑总能够分解为这三种基本结构。

参考答案

（7）A

试题（8）

在编译过程中，将源程序通过扫描程序（或词法分析程序）进行处理的结果称为__(8)__。

(8) A．中间代码　　B．目标代码　　C．语法树　　　　D．记号

试题（8）分析

本题考查计算机程序语言基础知识。

以编译方式将源程序翻译为机器语言的过程中，需要进行词法分析、语法分析、语义分析、中间代码生成、代码优化和目标代码生成等阶段，其中词法分析是唯一与源程序打交道的阶段，它通过扫描构成源程序的字符序列，将构成语义的一个个记号（即单词、常数、符号等）分析出来，供语法分析阶段使用。

参考答案

（8）D

试题(9)

数据是程序操作的对象,具有类型、名称、存储类别、作用域和生存期等属性,其中,__(9)__说明数据占用内存的时间范围。

(9)A.存储类别　　　B.生存期　　　C.作用域　　　D.类型

试题(9)分析

本题考查计算机程序语言基础知识。

数据的存储类别说明了其在内存中所占用的存储区域,不同内存区域的管理方式是不同的。作用域说明数据在代码中可以访问的代码范围,生存期是指数据占用内存的时间范围。

参考答案

(9)B

试题(10)

假设某树有 n 个结点,则其中连接结点的分支数目为__(10)__。

(10)A.n–1　　　B.n　　　C.n+1　　　D.n/2

试题(10)分析

本题考查计算机科学基础部分的数据结构知识。

树由若干结点组成,其中有且仅有一个结点称为根结点,除了根结点之外,其余的结点都有唯一的父亲结点,每个结点都与其父亲结点之间通过一条分支连接。根结点没有父亲,因此,n 个结点中的 n–1 个结点有分支。

参考答案

(10)A

试题(11)

在 Web 中,各种媒体按照超链接的方式组织,承担超链接任务的计算机语言是__(11)__。

(11)A.SGML　　　B.XML　　　C.HTML　　　D.VRML

试题(11)分析

本题考查计算机程序语言基础知识。

SGML(标准通用标记语言)是一种定义电子文档结构和描述其内容的国际标准语言。SGML 提供了异常强大的工具,同时具有极好的扩展性,因此在数据分类和索引中非常有用;SGML 是所有电子文档标记语言的起源,早在万维网发明之前就已存在。

XML(可扩展标记语言)是标准通用标记语言的子集,是一种用于标记电子文件使其具有结构性的标记语言。

HTML(超文本标记语言)是 WWW 的描述语言,由 Tim Berners-lee 提出,HTML 命令可以说明文字、图形、动画、声音、表格、链接等,可以把存放在不同计算机中的媒体方便地联系在一起,形成有机的整体。

VRML(虚拟现实建模语言)是一种用于建立真实世界的场景模型或人们虚构的三维世界的场景建模语言,具有平台无关性。

参考答案

(11)C

试题（12）

在 Windows 资源管理器中，若要选择窗口中离散的文件，在缺省设置下，可以先选择一个文件，然后按住 __（12）__。

（12）A．Ctrl 键不放，并用鼠标右键单击要选择的文件
      B．Ctrl 键不放，并用鼠标左键单击要选择的文件
      C．Shift 键不放，并用鼠标右键单击要选择的文件
      D．Shift 键不放，并用鼠标左键单击要选择的文件

试题（12）分析

在 Windows 资源管理器中，若要选择窗口中离散的文件，可以先选择一个图标，然后按住 Ctrl 键不放，并用鼠标左键单击要选择的文件即可；若要选择窗口中连续的文件，可以先选择一个图标，然后按住 Shift 键不放，并用鼠标左键单击要选择的文件即可。

参考答案

（12）B

试题（13）

在 Windows 系统中，以下关于文件的说法正确的是 __（13）__。

（13）A．文件一旦保存后则不能被删除　　　B．文件必须占用磁盘的连续区域
      C．扩展名为"xls"的是可执行文件　　　D．不同文件夹下的文件允许同名

试题（13）分析

选项 A 是错误的，用户的文件一旦保存后仍然可以被删除；选项 B 是错误的，Windows 文件管理中文件可以不占用连续的磁盘区域；选项 C 是错误的，因为扩展名为"xls"的是 Microsoft Office Excel 文件；选项 D 是正确的，因为在 Windows 系统中，不同文件夹下的文件允许同名。

参考答案

（13）D

试题（14）

若某文件系统的目录结构如下图所示，假设用户要访问文件 rw.dll，且当前工作目录为 swtools，则该文件的相对路径和绝对路径分别为 __（14）__。

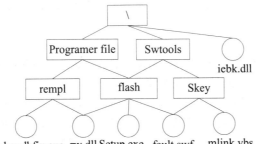

（14）A．\swtools \flash\和\flash\　　　　B．flash\和\swtools\flash\
      C．\swtools \flash\和 flash\　　　　D．\flash\和 swtools \flash\

试题（14）分析

本题考查操作系统的文件管理基础知识。

按查找文件的起点不同可以将路径分为绝对路径和相对路径。从根目录开始的路径称为绝对路径；从用户当前工作目录开始的路径称为相对路径。显然，相对路径是随着当前工作目录的变化而改变的。

参考答案

（14）B

试题（15）

数据库通常是指有组织地、动态地存储在 __(15)__ 。

（15）A．内存上的相互联系的数据的集合
　　　B．内存上的相互无关的数据的集合
　　　C．外存上的相互联系的数据的集合
　　　D．外存上的相互无关的数据的集合

试题（15）分析

本题考查数据库系统的基本概念。

数据库（DataBase，DB）是指长期储存在计算机外存上的、有组织的、可共享并相互联系的数据集合。数据库中的数据按一定的数学模型组织、描述和储存，具有较小的冗余度，较高的数据独立性和易扩展性，并可被各种用户共享。

应用数据库系统是为了管理大量信息，给用户提供数据的抽象视图，即系统隐藏有关数据存储和维护的某些细节，其主要的目的是解决多用户对数据的共享问题。

参考答案

（15）C

试题（16）

在数据库管理系统中，视图是一个 __(16)__ 。

（16）A．真实存在的表，保存了待查询的数据
　　　B．真实存在的表，只有部分数据来源于基本表
　　　C．虚拟表，查询时只能从一个基本表中导出的表
　　　D．虚拟表，查询时可以从一个或者多个基本表或视图中导出的表

试题（16）分析

本题考查数据库系统基础知识。

在数据库系统中，当视图创建完毕后，数据字典中存放的是视图定义。视图是从一个或者多个表或视图中导出的表，其结构和数据是建立在对表的查询基础上的，与真实的表一样，视图也包括几个被定义的数据列和多个数据行。但从本质上讲，这些数据列和数据行来源于其所引用的表。因此，视图不是真实存在的基本表，而是一个虚拟表，视图所对应的数据并不实际地以视图结构存储在数据库中，而是存储在视图所引用的基本表中。

参考答案

（16）D

试题（17）

关系数据库是 __(17)__ 的集合，它由一个或多个关系模式定义。

(17) A．表　　　　　B．列　　　　　C．字段　　　　　D．元组

试题（17）分析

本题考查关系数据库基础知识。

关系数据库系统采用关系模型作为数据的组织方式，在关系模型中用表格结构表达实体集，以及实体集之间的联系，其最大特色是描述的一致性。关系模型是由若干个关系模式组成的集合。关系数据库是表的集合，它由一个或多个关系模式定义。

参考答案

(17) A

试题（18）

某销售公司数据库的仓库关系模式为：仓库（仓库号，地址，电话，商品号，库存量），其函数依赖集 F={仓库号→地址，仓库号→电话，（仓库号，商品号）→库存量}。以下描述正确的是 __(18)__ 。

(18) A．"仓库号"为仓库关系的主键，该关系模式属于 1 范式

　　　B．"仓库号"为仓库关系的主键，该关系模式属于 2 范式

　　　C．"仓库号，商品号"为仓库关系的主键，该关系模式属于 1 范式

　　　D．"仓库号，商品号"为仓库关系的主键，该关系模式属于 2 范式

试题（18）分析

本题考查关系模式知识。

根据题干中的函数依赖集 F 可知"仓库号，商品号"决定仓库关系的全属性，故"仓库号，商品号"为该关系的主键。由于非主属性"地址"和"电话"部分函数依赖于码，即该关系模式没有消除部分函数依赖，故该关系模式属于 1 范式。

参考答案

(18) C

试题（19）～（21）

给定学生关系 Students（学号，姓名，性别，学历，身份证号），学历取值为本科生或研究生（含在职研究生）；教师关系 Teachers（教师号，姓名，性别，身份证号，工资）。查询既是研究生，又是女性，且工资大于等于 3500 元的教师的身份证号和姓名的 SQL 语句如下：

```
(SELECT 身份证号,姓名
 FROM Students
 WHERE  (19)  )
  (20)
(SELECT 身份证号,姓名
 FROM Teachers
 WHERE  (21)  );
```

(19) A．工资>=3500　　　　　　　　B．工资>='3500'

C. 性别＝女 AND 学历＝研究生　　D. 性别='女' AND 学历='研究生'
(20) A. EXCEPT　　B. INTERSECT
　　 C. UNION　　D. UNION ALL
(21) A. 工资>=3500　　B. 工资>='3500'
　　 C. 性别＝女 AND 学历＝研究生　　D. 性别='女' AND 学历='研究生'

试题（19）～（21）分析

本题考查 SQL 应用基础知识。

试题（19）的正确选项为 D，试题（20）的正确选项为 B，试题（21）的正确选项为 A。因为第一条 SELECT 语句查询是从 Students 关系中查找女研究生的姓名和通信地址，故用条件"性别='女' AND 类别='研究生'"来限定；第二条 SELECT 语句查询是从 Teachers 关系中查找工资大于等于 3500 元的教师姓名和通信地址，故用条件"工资>=3500"限定。又因为，第一条 SELECT 语句查询和第二条 SELECT 语句查询的结果集模式都为（姓名，通信地址），故可以用"INTERSECT"对它们取交集。

参考答案

（19）D　（20）B　（21）A

试题（22）

以下对 NoSQL 特点描述中，错误的是　(22)　。

(22) A. 简单易部署，基本都是开源软件
　　 B. 当插入数据时，不需要预先定义其模式
　　 C. 支持 SQL，用户学习使用很方便
　　 D. 数据存储不需要固定的表结构，通常也不存在连接操作

试题（22）分析

本题考查对数据库发展新技术的理解。

NoSQL（Not Only SQL）简单易部署，基本都是开源软件，是非关系型数据存储的广义定义。它打破了长久以来关系型数据库与 ACID 理论大一统的局面。NoSQL 数据存储不需要固定的表结构，通常也不存在连接操作。NoSQL 不需要事先定义数据模式，预定义表结构。数据中的每条记录都可能有不同的属性和格式。当插入数据时，并不需要预先定义它们的模式。但 NoSQL 不提供对 SQL 的支持，由于不支持 SQL 这样的工业标准，用户学习和使用需要一定成本。

参考答案

（22）C

试题（23）

防止计算机病毒的措施很多，但不包括　(23)　。

(23) A. 定期备份重要数据、修补系统漏洞
　　 B. 经常运行查毒软件查杀计算机病毒
　　 C. 不要下载来历不明的电子邮件附件
　　 D. 重要的文件或数据应存放到计算机的系统盘中

试题（23）分析

本题考查信息安全基础知识。

防止计算机病毒的措施很多，包括定期备份重要数据、修补系统漏洞、经常运行杀毒软件查杀计算机病毒、不要下载来历不明的电子邮件附件等。重要的文件或数据应进行备份，而不是存放到计算机的系统盘中。

参考答案

（23）D

试题（24）

信息安全的基本要素包括真实性、机密性、不可抵赖性、可审查性等方面。建立有效的责任机制，防止用户否认其行为属于__(24)__。

（24）A．真实性　　　　B．机密性　　　　C．不可抵赖性　　　　D．可审查性

试题（24）分析

本题考查信息安全基础知识。

信息安全的基本要素包括真实性、机密性、完整性、可用性、不可抵赖性、可控性和可审查性。其中：

- 真实性：对信息的来源进行判断，能对伪造来源的信息予以鉴别。
- 机密性：确保信息不暴露给未授权的实体或进程。
- 完整性：保证数据的一致性，防止数据被非法用户篡改。
- 可用性：保证合法用户对信息和资源的使用不会被不正当地拒绝。
- 不可抵赖性：建立有效的责任机制，防止用户否认其行为，这一点在电子商务中是极为重要的。
- 可控性：可以控制授权范围的信息内容、流向和行为方式。
- 可审查性：为出现的网络安全问题提供调查的依据和手段。

参考答案

（24）C

试题（25）

假设某高校信息统一管理平台的使用人员分为学生、教师和行政管理人员3类，那么用户权限管理的策略适合采用__(25)__。

（25）A．建立用户角色并授权

　　　B．对关系进行分解，每类人员对应一组关系

　　　C．建立每类人员的视图并授权给每个人

　　　D．针对所有人员建立用户名并授权

试题（25）分析

信息统一管理平台的使用人员可能很多，而且也可能经常变动，因此针对每个使用人员都创建数据库用户可能不切实际，也没有必要。因为权限问题对关系模式修改不可取。正确的策略是根据用户角色共享同一数据库用户，个人用户的标识和鉴别通过建立用户信息表存储，由应用程序来管理，用户对数据库对象的操作权限由DBMS的授权机制管理。

参考答案

（25）A

试题（26）

软件著作权保护的对象不包括 __(26)__ 。

（26）A．源程序　　　B．目标程序　　　C．流程图　　　D．算法思想

试题（26）分析

本题考查知识产权基础知识。

软件著作权保护的对象是指著作权法保护的计算机软件，包括计算机程序及其有关文档。计算机程序是指为了得到某种结果而可以由计算机等具有信息处理能力的装置执行的代码化指令序列，或可被自动转换成代码化指令序列的符号化指令序列或符号化语句序列，通常包括源程序和目标程序。软件文档是指用自然语言或者形式化语言所编写的文字资料和图表，以用来描述程序的内容、组成、设计、功能、开发情况、测试结果及使用方法等，如程序设计说明书、流程图、数据流图、用户手册等。

著作权法只保护作品的表达，不保护作品的思想、原理、概念、方法、公式、算法等，对计算机软件来说，只有程序的作品性能得到著作权法的保护，而体现其功能性的程序构思、程序技巧等却无法得到保护。如开发软件所用的思想、处理过程、操作方法或者数学概念等。

参考答案

（26）D

试题（27）

某公司员工赵忻是一名软件设计师，按公司规定编写软件文档需要上交公司存档。这些软件文档属于职务作品，__(27)__ 。

（27）A．其著作权由公司享有
　　　B．其著作权由软件设计师享有
　　　C．除其署名权以外，著作权的其他权利由软件设计师享有
　　　D．其著作权由公司和软件设计师共同享有

试题（27）分析

本题考查知识产权知识。

公民为完成法人或者其他组织工作任务所创作的作品是职务作品。职务作品可以是作品分类中的任何一种形式，如文字作品、电影作品、计算机软件等。职务作品的著作权归属分两种情形：

一般职务作品的著作权由作者享有。所谓一般职务作品是指虽是为完成工作任务而创作的作品，但非经法人或其他组织主持，不代表其意志创作，也不由其承担责任的职务作品。对于一般职务作品，法人或其他组织享有在其业务范围内优先使用的权利，期限为两年。优先使用权是专有的，未经单位同意，作者不得许可第三人以与法人或其他组织使用的相同方式使用该作品。在作品完成两年内，如单位在其业务范围内不使用，作者可以要求单位同意由第三人以与法人或其他组织使用的相同方式使用，所获报酬由作者与单位按约定的比例分配。

特殊的职务作品，除署名权以外，著作权的其他权利由法人或者其他组织（单位）享有。所谓特殊职务作品是指著作权法第十六条第二款规定的两种情况：一是主要利用法人或者其他组织的物质技术条件创作，并由法人或者其他组织承担责任的工程设计、产品设计图、计算机软件、地图等科学技术作品；二是法律、法规规定或合同约定著作权由单位享有的职务作品。

参考答案

（27）A

试题（28）

在 TCP/IP 体系结构中，将 IP 地址转化为 MAC 地址的协议是 __(28)__ 。

(28) A．RARP   B．ARP   C．ICMP   D．TCP

试题（28）分析

本题考查网络协议及其功能。

在 TCP/IP 体系结构中，将 IP 地址转化为 MAC 地址的协议是 ARP。DNS 属于应用层协议，UDP 是传输层协议，IP 和 ARP 是网络层协议。

参考答案

（28）B

试题（29）

局域网中某主机的 IP 地址为 202.116.1.12/21，该局域网的子网掩码为 __(29)__ 。

(29) A．255.255.255.0   B．255.255.252.0
　　 C．255.255.248.0   D．255.255.240.0

试题（29）分析

本题考查 IP 地址及其计算。

网络 202.116.1.12/21 的子网掩码为 21 位，对应的子网掩码为 255.255.248.0。

参考答案

（29）C

试题（30）

一个虚拟局域网是一个 __(30)__ 。

(30) A．广播域   B．冲突域   C．组播域   D．物理上隔离的区域

试题（30）分析

本题考查 VLAN 原理。

VLAN 工作在 OSI 参考模型的第 2 层和第 3 层，一个虚拟局域网是一个广播域。

参考答案

（30）A

试题（31）

登录在某网站注册的 Web 邮箱，"草稿箱"文件夹一般保存的是 __(31)__ 。

(31) A．从收件箱移动到草稿箱的邮件
　　 B．未发送或发送失败的邮件

C. 曾保存为草稿但已经发出的邮件
D. 曾保存为草稿但已经删除的邮件

试题（31）分析

本题考查互联网基础知识。

目前，互联网为用户提供了非常多的服务，邮件服务就是其中的一种。一般在互联网服务提供商所提供的邮件服务中，有已发送、收件箱、草稿箱等几种功能。其中已发送文件夹中所存放的是已经发送成功的邮件，所有收到的邮件会默认存放到收件箱中，草稿箱中的文件一般是已经编辑好或者尚未编辑完成，还没有发送或者发送失败的邮件。

参考答案

（31）B

试题（32）

在排除网络故障时，若已经将故障位置定位在一台路由器上，且这台路由器与网络中的另一台路由器互为冗余，那么最适合采取的故障排除方法是__（32）__。

（32）A. 对比配置法　　　　　　　B. 自底向上法
　　　 C. 确认业务流量路径　　　　D. 自顶向下法

试题（32）分析

本题考查网络故障排查的基础知识。

题目中故障路由器与其他路由器互为冗余，即这两台路由器的主要配置相近似，通过查看正常路由器的配置并与之相比较，确认故障路由器配置的异常，该网络故障排查法符合对比配置法的含义。

参考答案

（32）A

试题（33）

在网络安全管理中，加强内防内控可采取的策略有__（33）__。

①控制终端接入数量
②终端访问授权，防止合法终端越权访问
③加强终端的安全检查与策略管理
④加强员工上网行为管理与违规审计

（33）A. ②③　　　　B. ②④　　　　C. ①②③④　　　　D. ②③④

试题（33）分析

本题考查网络安全方面的基础知识。

加强完善内部网络的安全要通过访问授权、安全策略、安全检查与行为审计等多种安全手段的综合应用实现。终端接入数量跟网络的规模、数据交换性能、出口带宽的相关性较大，不是内防内控关注的重点。

参考答案

（33）D

试题（34）

软件系统的维护包括多个方面，增加一些在系统分析和设计阶段中没有规定的功能与性能特征，从而扩充系统功能和改善系统性能，属于 __(34)__ 维护。

(34) A．正确性　　　B．适应性　　　C．完善性　　　D．预防性

试题（34）分析

本题考查软件维护相关知识。

按照具体目标分类，软件维护分为四种：

①完善性维护。在应用软件系统使用期间，为不断改善和加强系统的功能和性能以满足用户日益增长的需求所进行的维护工作是完善性维护。

②适应性维护。为了让应用软件系统适应运行环境的变化而进行的维护活动是适应性维护。

③纠错性维护。目的在于发现在开发期间未能发现的遗留错误并进行诊断和改进的过程称为纠错性维护。

④预防性维护。维护人员不被动地等待用户提出要求才做维护工作，而是选择那些还有较长使用寿命的部分加以维护的称为预防性维护。

本题中说明要增加在系统分析和设计阶段没有规定的功能或性能特征，从而扩充系统功能和改善系统性能，属于完善性维护。

参考答案

（34）C

试题（35）

某考务处理系统的部分需求包括：检查考生递交的报名表；检查阅卷站送来的成绩清单；根据考试中心指定的合格标准审定合格者。若用顶层数据流图来描述，则如下选项不属于数据流的是 __(35)__ 。

(35) A．考生　　　B．报名表　　　C．成绩清单　　　D．合格标准

试题（35）分析

本题考查数据流图基础知识。

数据流图是一种最常用的结构化分析工具，是一种能全面地描述信息系统逻辑模型的主要工具。包括四个基本符号：外部实体、数据流、数据存储和处理逻辑。外部实体指不受系统控制，在系统以外又与系统有联系的事务或人，它表达了目标系统数据的外部来源或去处；数据流表示数据的流动方向，一般由一些数据项组成；数据存储表示数据保存的地方；处理逻辑指对数据的逻辑处理功能，也就是对数据的变换功能。

本题中，报名表、成绩清单、合格标准都属于数据流，考生属于外部实体。

参考答案

（35）A

试题（36）

以下关于 CMM 的叙述中，不正确的是 __(36)__ 。

(36) A．CMM 是指软件过程能力成熟度模型

B．CMM1 级被认为成熟度最高，5 级被认为成熟度最低
C．CMMI 的任务是将已有的几个 CMM 模型结合在一起构造成为"集成模型"
D．采用更成熟的 CMM 模型，一般来说可以提高最终产品的质量

试题（36）分析

本题考查对 CMM 的了解。

CMM 是指软件过程能力成熟度模型，是一种开发模型，1 级被认为是成熟度最低，5 级被认为是成熟度最高。CMMI 的任务是将已有的几个 CMM 模型结合在一起构造成"集成模型"，采用更成熟的 CMM 模型可以提高最终产品的质量。

参考答案

（36）B

试题（37）

某高校要上线一套新的教务系统，为了实现老系统到新系统的平稳过渡，采用逐步替换方式更新老系统中的课表、成绩、课程等模块，这种系统转换方式属于__（37）__。

（37）A．直接转换　　　　　　　　B．并行转换
　　　C．分段转换　　　　　　　　D．串行转换

试题（37）分析

本题考查新旧系统转换方式的相关知识。

新旧系统之间有三种转换方式：直接转换、并行转换和分段转换。其中，直接转换是在确定新系统试运行正常后，启用新系统的同时终止旧系统；并行转换是新旧系统并行工作一段时间，经过足够的时间考验后，新系统正式代替旧系统；分段转换则是用新系统一部分一部分地替换旧系统。

本题中新系统逐步替换旧系统功能，属于分段转换。

参考答案

（37）C

试题（38）

某企业使用 App 来管理员工，该 App 支持打卡、考勤等功能。请问该 App 应该属于__（38）__。

（38）A．面向作业处理的系统　　　　B．面向管理控制的系统
　　　C．面向决策计划的系统　　　　D．面向数据汇总的系统

试题（38）分析

本题考查对企业中信息系统主要类型的掌握情况。

根据信息服务对象的不同，企业中的信息系统分为以下三类：面向作业处理的系统，是用来支持业务处理，实现处理自动化的信息系统；面向管理控制的系统，是指辅助企业管理，实现管理自动化的信息系统；面向决策计划的系统。

本题 App 支持打卡、考勤等功能来管理员工，是面向管理控制的系统。

参考答案

（38）B

试题（39）

以下不属于信息系统概念结构的是___(39)___。

(39) A. 信息源　　　　B. 信息处理器　　　　C. 信息收集器　　　　D. 信息用户

试题（39）分析

本题考查对信息系统概念结构的熟悉程度。

信息系统从概念上来看是由信息源、信息处理器、信息用户和信息管理者四大部分组成的。根据以上描述，信息系统不包括信息收集器。

参考答案

(39) C

试题（40）

以下关于信息系统组成的叙述中，不正确的是___(40)___。

(40) A. 信息系统包括计算机硬件系统和软件系统
　　　B. 信息系统包括数据及其存储介质
　　　C. 信息系统不包括非计算机系统的信息收集和处理设备
　　　D. 信息系统包括相关的规章制度和工作人员

试题（40）分析

本题考查对信息系统组成的掌握情况。

信息系统组成包括以下七大部分：计算机硬件系统，计算机软件系统，数据及其存储介质，通信系统，非计算机系统的信息收集、处理设备，规章制度，工作人员。

参考答案

(40) C

试题（41）

以下关于信息系统开发方法的叙述中，不正确的是___(41)___。

(41) A. 结构化分析与设计法是结构化、模块化、自顶向下进行分析与设计
　　　B. 面向对象分析与设计法是把客观世界中的实体抽象为对象
　　　C. 原型法是快速给出一个模型然后与用户协商修改
　　　D. 面向对象分析与设计法要优于结构化分析与设计法

试题（41）分析

本题考查对信息系统开发方法的掌握情况。

信息系统开发方法包括结构化分析与设计法、面向对象分析与设计法及原型法。结构化分析与设计法是一种系统化、模块化和自顶向下的系统开发方法。面向对象分析与设计法的出发点和基本原则是尽可能模拟人类习惯的思维方式，使开发软件的方法和过程尽可能接近人类认识世界、解决问题的方法和过程。由于客观世界的问题都是由客观世界中的实体及实体相互间的关系构成的，因此把客观世界中的实体抽象为对象。原型法要求在获得一组基本的用户需求后快速地实现一个新系统的"原型"，用户、开发者以及其他有关人员在试用原型的过程中不断评价和修改原型系统以提高新系统的质量。综上所述，开发中需要根据情况选择合适的开发方法，各种方法之间不存在谁优谁劣。

参考答案

（41）D

试题（42）

信息系统项目的风险管理不包括__（42）__。

（42）A．风险识别　　　　　　　　B．风险定性分析
　　　C．风险响应计划　　　　　　D．风险预警

试题（42）分析

本题考查风险管理的基本概念。

风险是指某种破坏或损失发生的可能性。风险管理是指识别、评估、降低风险到可以接受的程度，并实施适当机制控制风险保持在此程度之内的过程。风险管理包括风险分析、风险评估和风险控制。风险分析包括风险定性分析和风险定量分析，风险控制包括风险响应计划。

根据以上描述，风险预警不包括在风险管理内。

参考答案

（42）D

试题（43）

以下关于项目的说法中，不正确的是__（43）__。

（43）A．项目具有明确的目标　　　B．项目有特定的委托人
　　　C．项目的实施是一次性的　　D．项目的结果是可逆转的

试题（43）分析

本题考查项目的基本概念。

所谓项目，是指在既定的资源和要求约束下，为实现某种目的而相互联系的一次性工作任务。项目的基本特征包括：明确的目标，独特的性质，有限的生命周期，特定的委托人，实施的一次性，组织的临时性和开放性，项目的不确定性和风险性，结果的不可逆转性。

根据以上描述，项目的结果是不可逆转的。

参考答案

（43）D

试题（44）

以下选项中，__（44）__不属于项目人力资源管理。

（44）A．团队建设　　B．工资发放　　C．人员获得　　D．组织计划

试题（44）分析

本题考查项目人力资源管理的相关概念。

项目人力资源管理是一种管理人力资源的方法和能力。项目人力资源管理是组织计划编制，也可以看作战场上的"排兵布阵"，就是确定、分配项目中的角色、职责和回报关系。包括人员获得、团队建设和组织计划等。

工资发放不属于项目人力资源管理。

参考答案

（44）B

试题（45）

UML 中的关系不包括__（45）__。

（45）A．多态　　　　B．依赖　　　　C．泛化　　　　D．实现

试题（45）分析

本题考查统一建模语言的相关知识。

关系是统一建模语言（UML）建立的模型的三要素之一，是关系把事物结合在了一起。在 UML 中有依赖、关联、泛化、实现等 4 种关系。

多态不是 UML 中的关系。

参考答案

（45）A

试题（46）

系统说明书的内容不包括__（46）__。

（46）A．项目背景和目标　　　　B．项目概述
　　　C．实施计划　　　　　　　D．实施结果

试题（46）分析

本题考查系统说明书的相关知识。

系统说明书是系统分析阶段的全面总结。作为系统分析阶段的技术文档，系统说明书通常包括以下内容：引言、项目概述和实施计划。引言中包括项目的名称、目标、功能、背景、引用资料以及文中所用的专业术语等。

实施结果不是系统说明书中的内容。

参考答案

（46）D

试题（47）

实体联系图中不包括__（47）__。

（47）A．实体　　　　B．联系　　　　C．加工　　　　D．属性

试题（47）分析

本题考查实体联系图的相关概念。

实体联系图又称 E-R 图，它提供了表示实体类型、属性和方法的方法，是一种用来描述现实世界的概念模型。

加工不属于实体联系图。

参考答案

（47）C

试题（48）

以下选项中，__（48）__不属于系统总体设计阶段的任务。

（48）A．系统类型　　　B．代码设计　　　C．处理方式　　　D．数据存储

试题（48）分析

本题考查系统设计的内容。

系统设计包括总体设计和详细设计。总体设计的主要内容是完成对系统总体结构和基本框架的设计，包括系统总体布局设计和系统模块化结构设计；详细设计是为总体设计的框架添加血肉，一般包括代码设计、数据库设计、输入/输出设计、用户界面设计和处理过程设计等。

代码设计不属于总体设计。

参考答案

（48）B

试题（49）

以下选项中，___(49)___ 不属于软件系统结构设计的原则。

(49) A．分解-协调原则　　　　　　　B．一致性原则
　　　C．自底向上原则　　　　　　　D．信息隐藏原则

试题（49）分析

本题考查对软件系统结构设计原则是否熟悉。

软件总体结构设计的主要任务是将整个系统合理划分为各个功能模块，正确地处理模块之间与模块内部的联系以及它们之间的调用关系和数据联系，定义各模块的内部结构等。总体结构设计的主要原则有：分解-协调原则、信息隐蔽和抽象的原则、自顶向下原则、一致性原则和面向用户原则。

自底向上原则不属于软件系统结构设计的原则。

参考答案

（49）C

试题（50）

数据库设计正确的步骤是 ___(50)___ 。

(50) A．用户需求分析→概念结构设计→逻辑结构设计→物理结构设计
　　　B．用户需求分析→逻辑结构设计→概念结构设计→物理结构设计
　　　C．用户需求分析→概念结构设计→物理结构设计→逻辑结构设计
　　　D．用户需求分析→物理结构设计→概念结构设计→逻辑结构设计

试题（50）分析

本题考查数据库设计流程的相关知识。

数据库的设计过程可以分为四个阶段，即用户需求分析、概念结构设计、逻辑结构设计和物理结构设计。用户需求分析是对现实世界的调查和分析；概念结构设计是从现实世界到信息世界的转换；逻辑结构设计是信息世界向数据世界的转换；物理结构设计是为数据选择合适的存储结构和存储方法。这四个阶段应按顺序进行，不可调换顺序。

参考答案

（50）A

试题（51）

优秀代码的特点不包括 __(51)__ 。

(51) A．设计复杂　　B．容易修改　　C．运行效率高　　D．易于维护

试题（51）分析

本题考查对优秀代码的理解认识。

优秀代码的特点包括设计简单、容易修改、运行效率高和易于维护。

设计复杂不是优秀代码的特点。

参考答案

(51) A

试题（52）

以下选项中，__(52)__ 不属于系统测试的范畴。

(52) A．强度测试　　B．安全测试　　C．单元测试　　D．性能测试

试题（52）分析

本题考查系统测试过程中系统测试的相关概念。

系统测试是将已经确认的软件、计算机硬件、外设、网络等其他元素结合在一起，进行信息系统的各种组装测试和确认测试。其目的是通过与系统的需求相比较，发现所开发的系统与用户需求不符或矛盾的地方。常见的系统测试主要包括恢复测试、安全性测试、强度测试、性能测试、可靠性测试和安装测试。

单元测试是系统测试之前的一个测试，不属于系统测试的范畴。

参考答案

(52) C

试题（53）

以下选项中，__(53)__ 不属于逻辑覆盖的测试方法。

(53) A．语句覆盖　　B．功能覆盖　　C．条件覆盖　　D．路径覆盖

试题（53）分析

本题考查软件测试中逻辑覆盖的基本概念。

逻辑覆盖是以程序内部的逻辑结构为基础的测试技术。它考虑的是测试数据执行（覆盖）程序的逻辑程度。根据覆盖情况的不同，逻辑覆盖可分为语句覆盖、判定覆盖、条件覆盖、判断/条件覆盖、多重覆盖、路径覆盖和循环覆盖。

根据如上描述，功能覆盖不属于逻辑覆盖的测试方法。

参考答案

(53) B

试题（54）

IT系统管理工作的分类可以按系统类型和流程类型来分，如果按照系统类型来分，通常会分为四个类别，但不包括 __(54)__ 。

(54) A．信息系统：企业的信息处理基础平台，直接面向业务部门（客户）

　　B．网络系统：企业的基础架构，其他方面的核心支撑平台

C. 人员系统：企业的基础，各方面管理工作的执行者
D. 运作系统：企业 IT 运行管理的各类系统，IT 部门的核心管理平台

试题（54）分析

本题考查对 IT 系统管理工作类别的认识。

信息系统管理可以按系统类型和流程类型来分类。其中，按照系统类型划分主要包括以下四点。

①信息系统：企业的信息处理基础平台，直接面向业务部门（客户）。
②网络系统：企业的基础架构，其他方面的核心支撑平台。
③运作系统：企业 IT 运行管理的各类系统，IT 部门的核心管理平台。
④设施及设备：设施及设备管理为保证计算机处于适合其连续工作的环境。

综上所述，可以看出此划分中没有人员系统的提法。

参考答案

（54）C

试题（55）

IT 系统运行过程中的关键操作、非正常操作、故障、性能监控、安全审计等信息应形成相应的系统运作报告，以利于分析并改进系统管理水平。下面选项中，不属于系统运作报告范围的是__（55）__。

（55）A．企业财务状况报告　　　　　　B．系统日常操作日志
　　　C．性能/能力规划报告　　　　　　D．安全审计日志

试题（55）分析

本题考查对信息系统管理中的系统运作报告的理解。

IT 系统运行过程中的关键操作、非正常操作、故障、性能监控、安全审计等信息应形成相应的系统运作报告，以利于分析并改进系统管理水平。这些报告包括：系统日常操作日志、性能/能力规划报告、故障管理报告以及安全审计日志，没有专门针对企业财务状况的报告。

综上所述，可以看出无企业财务状况报告的提法。

参考答案

（55）A

试题（56）

IT 部门人员管理涉及的主要工作内容有三大方面，它不包括下列选项中的__（56）__。

（56）A．用户网络资源使用考核　　　　B．IT 组织及职责设计
　　　C．IT 人员的教育与培训　　　　　D．第三方/外包的管理

试题（56）分析

本题考查对 IT 部门人员管理涉及的主要工作内容的理解。

IT 部门人员管理涉及的主要工作内容包括三个大的类别，分别是 IT 组织及职责设计、IT 人员的教育与培训和第三方/外包的管理，主要工作包括 IT 组织设计原则、IT 组织设计考虑的因素、IT 组织及职责设计、IT 人员的教育与培训、外包商的选择、外包合同管理及外包风险控制等。不涉及对用户网络资源使用考核的问题。

综上所述，用户网络资源使用考核不在 IT 部门人员管理要求之列。

参考答案

（56）A

试题（57）

IT 资源管理中的配置管理提供的有关基础架构的配置信息可以为其他服务管理流程提供支持。配置管理作为一个控制中心，其主要目标表现在四个方面，下列 __（57）__ 不在这四个方面之列。

（57）A．计量所有 IT 资产

B．为其他 IT 系统管理流程提供准确信息

C．软件正确性管理

D．验证基础架构记录的正确性并纠正发现的错误

试题（57）分析

本题考查对 IT 资源管理中的配置管理的理解。

IT 资源管理中，配置管理作为一个控制中心，其主要目标表现在四个方面：①计量所有 IT 资产；②为其他 IT 系统管理流程提供准确信息；③作为故障管理、变更管理和新系统转换等的基础；④验证基础架构记录的正确性并纠正发现的错误。IT 资源管理不涉及软件正确性管理。

综上所述，软件正确性管理不在选项之列。

参考答案

（57）C

试题（58）

IT 资源管理中的软件管理涉及软件构件管理。软件构件是软件系统的一个物理单元，它驻留在计算机中而不是只存在于系统分析员的脑海里。构件有一些基本属性，下列选项中， __（58）__ 不属于软件构件的基本属性。

（58）A．构件是可独立配置的单元，因此构件必须自包容

B．构件强调与环境和其他构件的分离，构件的实现是严格封装的

C．构件的测试是不需要进行黑盒测试的

D．构件可以在适当的环境中被复合使用，因此构件需要提供清楚的接口规范

试题（58）分析

本题考查对 IT 资源管理中的软件管理涉及的软件构件管理内容的理解。

IT 资源管理中的软件管理涉及软件构件管理。软件构件是软件系统的一个物理单元，它驻留在计算机中而不是只存在于系统分析员的脑海里。像数据表、数据文件、可执行文件、动态链接库等都可以称为构件，构件的基本属性包括：①构件是可独立配置的单元，因此构件必须自包容；②构件强调与环境和其他构件的分离，构件的实现是严格封装的，外界没机会或没必要知道构件内部的实现细节；③构件可以在适当的环境中被复合使用，因此构件需要提供清楚的接口规范；④构件不应当是持续的，即构件没有个体特有的属性。选项 C 的表述"构件的测试是不需要进行黑盒测试的"不符合构件基本属性特征。

综上所述，"构件的测试是不需要进行黑盒测试的"这一表述不是软件构件的基本属性。

参考答案

（58）C

试题（59）

IT 资源管理中的网络资源管理涉及网络管理的五部分内容，下面 __（59）__ 不属于这五部分内容。

（59）A．网络性能管理　　　　　　B．网络设备和应用配置管理
　　　C．网络利用和计费管理　　　　D．网络审计配置管理

试题（59）分析

本题考查对 IT 资源管理中的网络资源管理内容的理解。

IT 资源管理中的网络资源管理涉及网络管理的五部分内容，包括网络性能管理、网络设备和应用配置管理、网络利用和计费管理、网络设备和应用故障管理以及安全管理。没有网络审计配置管理的提法，网络审计划分在网络审计支持里。

综上所述，网络审计配置管理不属于这五部分内容。

参考答案

（59）D

试题（60）

在网络资源管理中，识别网络资源是其重要的工作内容。下面选项中，__（60）__ 不属于网络资源。

（60）A．通信线路　　B．通信服务　　C．网络设备　　D．厂房与场地

试题（60）分析

本题考查对网络资源管理中的网络资源的认识。

在对网络资源管理过程中，企业的网络资源通常包括四大类别：①通信线路；②通信服务；③网络设备；④网络软件。厂房与场地不在此四个分类中。

参考答案

（60）D

试题（61）

数据管理中的安全性管理是数据生命周期中的一个比较重要的环节。要保证数据的安全性，须保证数据的保密性和完整性。下列选项中，__（61）__ 不属于数据安全性管理的特性。

（61）A．用户登录时的安全性　　　　B．数据加工处理的算法
　　　C．网络数据的保护　　　　　　D．存贮数据以及介质的保护

试题（61）分析

本题考查对数据管理中的安全性管理内容的理解。

数据的安全性管理目的是增强用户对数据使用的合法性和有效性，在进行数据输入和存取控制的时候，企业必须首先保证输入数据的合法性，保证数据的保密性和完整性。所以数据的安全性管理主要表现在五个方面：①用户登录时的安全性；②网络数据的保护；③存贮数据以及介质的保护；④通信的安全性；⑤企业和 Internet 网的单点安全登录。

综上所述，数据加工处理的算法不属于数据安全性管理特性。

参考答案

（61）B

试题（62）

通信应急设备管理中，应该注意企业网络环境的布线问题，企业局域网应进行结构化布线，结构化布线系统由六个子系统组成。下面 __（62）__ 不属于这六个子系统。

（62）A．水平子系统　　B．垂直子系统　　C．建筑群子系统　　D．输出子系统

试题（62）分析

本题考查对IT资源管理中企业网络环境的布线的认识。

企业局域网应进行结构化布线，结构化布线系统通常由六个子系统组成：①工作区子系统；②水平子系统；③主干子系统；④设备室子系统；⑤建筑群子系统；⑥管理子系统。

这些子系统划分中，没有专设输出子系统。

参考答案

（62）D

试题（63）

在故障管理中，有三个描述故障的特征，下列 __（63）__ 不属于这三个特征。

（63）A．影响度　　B．紧迫性　　C．优先级　　D．处理方法

试题（63）分析

本题考查对故障管理中的故障特征的认识。

在故障管理中，三个描述故障的特征联系紧密而又相互区分，它们分别是：①衡量故障影响业务大小程度的指标——影响度；②评价故障和问题危机程度的指标——紧迫性；③根据影响程度和紧急程度而制定的处理故障的先后次序——优先级。处理方法不在故障特征之列。

综上所述，描述故障的特征中没有处理方法。

参考答案

（63）D

试题（64）

错误控制是管理、控制并成功纠正已知错误的过程，它通过变更请求向变更管理部门报告需要实施的变革，确保已知错误被完全消除，避免再次发生故障。错误控制的过程中不包括下列 __（64）__ 的工作内容。

（64）A．无负载加载启动　　　　　　　B．发现和记录错误
　　　C．记录错误解决过程　　　　　　D．跟踪监督错误解决过程

试题（64）分析

本题考查对故障及问题管理中的错误控制过程的理解。

错误控制是管理、控制并成功纠正已知错误的过程，它通过变更请求向变更管理部门报告需要实施的变革，确保已知错误被完全消除，避免再次发生故障。错误控制的过程中包括：①发现和记录错误；②评价错误；③记录错误解决过程；④终止错误；⑤跟踪监督错误解决过程。错误控制过程中没有无负载加载启动这样的工作内容。

参考答案

（64）A

试题（65）

信息系统管理中的安全管理涉及安全管理措施的制定，信息系统的安全保障能力取决于信息系统所采取的安全管理措施的强度和有效性。这些措施可以按五个层面划分，下列___(65)___不在这五个层面的划分之列。

(65) A．安全设备　　B．安全策略　　C．安全组织　　D．安全人员

试题（65）分析

本题考查对安全管理措施的理解。

信息系统的安全保障能力取决于信息系统所采取的安全管理措施的强度和有效性。这些措施可以按五个层面划分：①安全策略；②安全组织；③安全人员；④安全技术；⑤安全运作。不涉及具体设备。

综上所述，安全管理措施的五个层面中没有具体的安全设备要求。

参考答案

（65）A

试题（66）

计算机系统性能评价技术是按照一定步骤，选用一定的度量项目，通过建模和实验，对计算机的性能进行测试并对测试结果作出解释的技术。在系统性能的评价方法中，最直接最基本的方法是测量法，使用测量法需解决三类问题，下列选项中，___(66)___不属于要解决问题。

(66) A．选择测量时的工作负载

　　　B．选择测量的方法和工具

　　　C．运行周期降到最低限度

　　　D．根据系统评价目的和需求，确定测量的系统参数

试题（66）分析

本题考查对性能及能力管理中的方法和工具的认知及理解。

在系统性能的评价方法中包括模型法和测量法，最直接、最基本的方法是测量法。使用测量法需解决三类问题：①将根据系统评价目的和需求，确定测量的系统参数；②选择测量的方法和工具；③选择测量时的工作负载。它不涉及运行周期降低程度的问题。

综上所述，使用测量法需解决的三类问题中不涉及运行周期降低程度。

参考答案

（66）C

试题（67）

信息系统的技术性能评价包括六方面内容，___(67)___不属于信息系统技术性能评价的内容。

(67) A．系统离线磁带备份的能力　　B．系统的总体技术水平

　　　C．系统的功能覆盖范围　　　　D．信息资源开发和利用的范围和深度

试题（67）分析

本题考查对信息系统的技术性能评价内容的理解。

信息系统的技术性能评价内容包括六个方面：①系统的总体技术水平；②系统的功能覆盖范围；③信息资源开发和利用的范围和深度；④系统质量；⑤系统安全性；⑥系统文档资料的规范、完备与正确程度。由于是系统的技术性能评价，不涉及具体的系统离线磁带备份的能力。

综上所述，系统离线磁带备份的能力不在要求评价内容范围之列。

参考答案

（67）A

试题（68）

利用不同基准测试程序对计算机系统进行测试可能会得到不同的性能评价结果，对这些评价结果进行统计和比较分析，可以得到较为准确的接近实际的结果。在性能评价中，持续性能最能体现系统的实际性能。下列选项中， (68) 不是常用的表示持续性能的计算方法。

(68) A．几何性能平均值 G_m　　　　B．算术性能平均值 A_m
　　　C．卷积性能平均值 C_m　　　　D．调和性能平均值 H_m

试题（68）分析

本题考查对性能及能力管理中评价结果的统计与比较内容的理解。

性能及能力管理中，性能评价的结果通常有两个指标：峰值性能和持续性能。持续性能常用的三种平均值计算方法是：①算术性能平均值；②几何性能平均值；③调和性能平均值。对评价结果进行统计和比较分析的常用计算方法中没有使用卷积处理方法。

综上所述，卷积性能平均值计算不是持续性能常用的三种平均值计算方法。

参考答案

（68）C

试题（69）

在能力管理活动中，能力数据库是成功实施能力管理流程的基础。该数据库中的数据被所有能力管理的子流程存储和使用，因为该数据库中包含了各种类型的数据。下列数据选项中， (69) 不在这些数据类型之列。

(69) A．业务数据　　　　　　　　B．服务数据
　　　C．技术数据　　　　　　　　D．浮点型数据

试题（69）分析

本题考查对能力管理活动中的能力数据库内容的理解。

能力数据库是成功实施能力管理流程的基础。该数据库中的数据被所有能力管理的子流程存储和使用，因为该数据库中包含了各种类型的数据，即业务数据、服务数据、技术数据、财务数据和应用数据。这里的数据类型是按照系统大类别的抽象层次划分的，不涉及具体实现环境的细节数据类型。

综上所述，浮点型数据不在这些数据类型之列。

参考答案

（69）D

试题（70）

信息系统评价中，系统的质量评价需要定出质量的指标以及评定优劣的标准。对管理信息系统的质量评价而言，其特征和指标通常包含九个方面。下列选项__（70）__不在这九项之列。

（70）A．输出数据格式是否规范　　B．系统对用户和业务需求的相对满意程度
　　　　C．系统的开发过程是否规范　　D．系统运行结果的有效性和可行性

试题（70）分析

本题考查对信息系统评价中的运行质量评价标准内容的理解。

对管理信息系统的质量评价而言，其特征和指标通常包含九个方面：①系统对用户和业务需求的相对满意程度；②系统的开发过程是否规范；③系统的先进性、有效性和完备性；④系统的性能、成本、效益综合比；⑤系统运行结果的有效性和可行性；⑥结果是否完整；⑦信息资源利用率；⑧提供信息的质量如何；⑨系统实用性。这些特征和指标中没有输出数据格式是否规范这一要求。

综上所述，输出数据格式是否规范不属于管理信息系统质量评价中的特征和指标要求。

参考答案

（70）A

试题（71）～（75）

Because the Internet __（71）__ computers all over the world, any business that engages in electronic commerce instantly becomes an international business. One of the key issues that any company faces when it conducts international commerce is trust.

It is important for all businesses to establish __（72）__ relationships with their customers. Companies with established reputations in the physical world often create trust by ensuring that customers know who they are. These businesses can rely on their __（73）__ brand names to create trust on the Web. New companies that want to establish online businesses face a more difficult __（74）__ because a kind of anonymity(匿名) exists for companies trying to establish a Web presence.

Because Web site visitors will not become customers unless they trust the company behind the site, a plan for establishing __（75）__ is essential. Customers' inherent lack of trust in "strangers" on the Web is logical and to be expected; sellers on the Web cannot assume that visitors will know that the site is operated by a trustworthy business.

（71）A．establishes　　B．includes　　C．engages　　D．connects
（72）A．accepting　　B．trusting　　C．believing　　D．real
（73）A．own　　B．registered　　C．established　　D．online
（74）A．debate　　B．problem　　C．way　　D．challenge
（75）A．credibility　　B．infrastructure　　C．quality　　D．capability

参考译文

由于因特网连接着世界各地的计算机，任何从事电子商务的企业都将立即成为一家国际企业。任何公司在开展国际商务时都面临的一个关键问题就是信任。

对所有企业来说，与客户建立起信任关系是很重要的。在物理世界中拥有良好声誉的公司通常会通过确保客户知道他们是谁来建立信任。这些企业可以依靠已建立的品牌名称在网络上建立信任。希望建立在线业务的新公司面临更大的挑战，原因是试图建立网络存在的公司具有一种匿名性。

网站访问者不会成为客户，除非他们相信网站背后的公司，因此建立可信度的计划至关重要。客户对网络上的"陌生人"缺乏信任是合乎逻辑的，也是可以预料的。网站上的卖家不能假设访问者会知道该网站是由值得信赖的企业所运营的。

参考答案

（71）D　（72）B　（73）C　（74）D　（75）A

第 6 章 2018 上半年信息系统管理工程师下午试题分析与解答

试题一（共 15 分）

阅读以下说明，回答问题 1 至问题 4，将解答填入答题纸的对应栏内。

【说明】

某集团公司拥有多个大型超市，为了方便集团公司对超市的各项业务活动进行有效管理，公司决定构建一个信息系统以满足公司的业务管理需求。

【需求分析】

1. 超市需要记录的信息包括超市编号、超市名称、经理号（参照员工关系的员工号）、联系地址和电话。超市编号唯一标识超市信息中的每个元组；每个超市只有一名经理，负责该超市的管理工作；每个超市包含不同的部门（如：财务部、采购部、销售部等）。

2. 部门需要记录的信息包括部门号、部门名称、超市编号、主管号（参照员工关系的员工号）、电话和位置分布（如：超市一层、超市二层、超市负一层等），部门号唯一标识部门信息中的每个元组。每个部门只有一名主管，负责部门的工作。每个部门有多名员工处理日常事务，每名员工只能隶属于一个部门。

3. 员工需要记录的信息包括员工号、姓名、隶属部门（参照部门关系的部门号）、岗位、电话号码和基本工资。其中，员工号唯一标识员工信息中的每个元组；岗位包括：经理、主管、理货员、收银员等。

【概念模型设计】

根据需求阶段收集的信息，设计的实体联系图和关系模式（不完整）如图 1-1 所示。

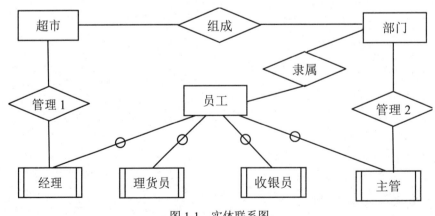

图 1-1 实体联系图

【关系模式设计】

超市（超市编号,超市名称,_(a)_,联系地址,电话）
部门（部门号,部门名称,_(b)_,电话,_(c)_,位置分布）
员工（员工号,姓名,_(d)_,岗位,电话,基本工资）

【问题1】（4分）

根据题意,将以上关系模式中的空（a）～（d）的属性补充完整,并填入答题纸对应的位置上。

【问题2】（4分）

请根据以上需求分析,结合图1-1所示的实体联系图按以下描述确定联系类型并填入答题纸对应的位置上。

超市与部门之间的"组成"联系类型为_(e)_;
超市与经理之间的"管理1"联系类型为_(f)_;
部门与主管之间的"管理2"联系类型为_(g)_;
部门与员工之间的"隶属"联系类型为_(h)_。

【问题3】（5分）

（1）部门关系的主键为_(i)_,部门关系的外键为_(j)_、_(k)_。
（2）员工关系的主键为_(l)_,员工的外键为_(m)_。

【问题4】（2分）

假设集团公司要求系统能记录部门历任主管的任职时间和任职年限,请问"在数据库设计时需要增设一个实体"的说法是否正确？为什么？

试题一分析

本题考查数据库系统中实体联系模型（E-R模型）和关系模式设计方面的基础知识。

【问题1】

根据需求分析1,超市需要记录的信息包括超市编号、超市名称、经理号、联系地址和电话,故空（a）应填写"经理号"。

根据需求分析2,部门需要记录的信息包括部门号、部门名称、主管号（参照员工关系的员工号）、电话、超市编号和位置分布,故空（b）应填写"主管号",空（c）应填写"超市编号"。

根据需求分析3,员工需要记录的信息包括员工号、姓名、隶属部门、岗位、电话号码和基本工资,故空（d）应填写"隶属部门"。

【问题2】

根据需求分析1所述"每个超市包含不同的部门（如财务部、采购部、销售部等）",故超市与部门之间的"组成"联系类型为1:*。

根据需求分析1所述"每个超市只有一名经理,负责该超市的管理工作",故超市与经理之间的"管理1"联系类型为1:1。

根据需求分析2所述"每个部门只有一名主管,负责部门的工作",故部门与主管之间的"管理2"联系类型为1:1。

根据需求分析 2 所述"每个部门有多名员工处理日常事务,每名员工只能隶属于一个部门",故部门与员工之间的"隶属"联系类型为 1:*(一对多)。

根据上述分析,完善图 1-1 所示的实体联系图如图 1-2 所示。

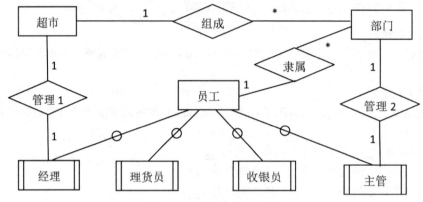

图 1-2 完善的实体联系图

【问题 3】

根据题干 2 所述"部门号唯一标识部门信息中的每个元组",部门关系的主键为部门号。由于部门关系中的"主管号"必须参照员工关系的员工号,"超市编号"必须参照超市关系的超市编号,故部门关系的外键为主管号、超市编号。

根据题干 3 所述"员工号唯一标识员工信息中的每个元组",故员工关系的主键为员工号。又由于隶属部门必须参照部门关系的部门号,故员工关系的外键为隶属部门。

【问题 4】

如果需要系统能记录部门历任主管的任职时间,那么"在数据库设计时需要增设一个实体"的说法是正确的。因为部门与历任主管之间的联系类型是*:*,必须建立一个独立的关系模式,该模式为(部门号,历任主管,任职时间)。

参考答案

【问题 1】

(a) 经理号或员工号

(b) 主管号或员工号

(c) 超市编号

(d) 隶属部门或部门号

【问题 2】

(e) 1:*

(f) 1:1

(g) 1:1

(h) 1:*

【问题 3】
(1)(i) 部门号
　　(j) 主管号或员工号
　　(k) 超市编号
注：(j)、(k) 可互换。
(2)(l) 员工号
　　(m) 隶属部门或部门号

【问题 4】
正确。集团公司要求系统能记录部门历任主管的任职时间和任职年限，而部门与历任主管之间的联系类型是*:*，必须建立一个独立的关系模式，该模式的属性由两端的码加上联系的属性构成。

试题二（共 15 分）

阅读以下说明，回答问题 1 至问题 3，将解答填入答题纸的对应栏内。

【说明】

某大型企业由于员工人数多，为了便于管理，拟在人力资源管理系统平台上增加考勤管理、系统管理和预警管理 3 个子系统，目的是帮助企业管理者通过有效组织管理降低成本和加速增长来创造价值链利润。经过招标，将该项目交给 M 公司张工主管的项目组进行设计和测试。

【需求分析】

需求调研与分析的结果如下。
(1) 考勤管理子系统由企业各个部门分别负责，并将考勤情况按月及年统计上报。
(2) 预警管理子系统由人事科负责，如：合同续签提醒、员工转正提醒等功能。
(3) 系统管理子系统由系统管理员负责，管理员可以进行在线用户查看、设置用户权限，还可通过业务监控台查看系统中所有工作流业务的运行状态。

根据企业的业务流程，项目组将考勤管理、预警管理和系统管理功能模块中应包含的功能列表如表 2-1 所示。

表 2-1 功能列表

序号	功能	序号	功能
1	劳动合同期满提醒	9	考勤登记（如事假、公差、旷工等）
2	考勤查询	10	员工生日提醒
3	合同续签提醒	11	加班登记
4	员工转正提醒	12	业务监控台
5	系统日志管理	13	权限设置
6	在线用户查看	14	数据恢复
7	调休申请	15	调班登记
8	数据备份	16	考勤统计

【问题1】（8分）

请将表2-1中序号为1～16的功能模块区分出来，分别归入考勤管理、预警管理和系统管理中，并填入答题纸对应的位置上。

（1）考勤管理包含的功能：_____。

（2）预警管理包含的功能：_____。

（3）系统管理包含的功能：_____。

【问题2】（4分）

在张工主管的项目组，每当完成一个模块的设计后，就需要对该模块进行测试。该项目组应该从__(1)__、__(2)__、重要的执行路径、__(3)__和__(4)__五个方面入手进行测试。

（1）～（4）的备选答案：

  A. 模块接口   B. 可移植性   C. 局部数据结构

  D. 出错处理   E. 边界条件   F. 全局数据结构

【问题3】（3分）

企业提出在保证系统安全的基础上，允许员工查询个人考勤、工资等信息。为此，张工提出了如下两种方案，请比较分析这两种方案的利弊。

方案1：将权限设置下放，由部门管理员为部门员工设置查询权限。

方案2：建立关系模式（岗位，权限），由系统管理员按岗位赋予不同权限。

试题二分析

【问题1】

根据题意，考勤管理包含的功能有考勤查询、调休申请、考勤登记、加班登记、调班登记、考勤统计；预警管理包含的功能有劳动合同期满提醒、合同续签提醒、员工转正提醒、员工生日提醒。系统管理包含的功能有系统日志管理、在线用户查看、数据备份、业务监控、权限管理、数据恢复。

【问题2】

模块测试也称为单元测试（Unit Testing），通常在编码阶段进行，是软件测试的最基本的部分。主要从模块的五个方面进行检查，即模块接口、局部数据结构、重要的执行路径、出错处理和边界条件。

【问题3】

方案1与方案2相比安全性低，因为一旦将权限设置下放到部门，意味着部门管理员具备了系统管理员的权力，安全的可控性降低。

方案2按企业员工所在岗位赋予不同的权限，系统可以通过建立权限关系模式，即权限（岗位，权限），由系统管理员为不同岗位赋予不同权限。这样不但保证数据的安全，而且还能保证权限信息的一致性，因为岗位调整其权限自然就变化了。

参考答案

【问题1】

（1）考勤查询、调休申请、考勤登记、加班登记、调班登记、考勤统计

  或 2、7、9、11、15、16

(2) 劳动合同期满提醒、合同续签提醒、员工转正提醒、员工生日提醒
   或 1、3、4、10
(3) 系统日志管理、在线用户查看、数据备份、业务监控台、权限管理、数据恢复
   或 5、6、8、12、13、14

【问题 2】
(1) A 或模块接口
(2) C 或局部数据结构
(3) D 或出错处理
(4) E 或边界条件
注：（1）～（4）答案可互换。

【问题 3】
方案 1 与方案 2 相比安全性低（或答方案 2 与方案 1 相比安全性高）。因为一旦将权限设置下放到部门，意味着部门管理员具备了系统管理员的权力，安全可控性降低。方案 2 不但保证数据的安全，而且还能保证权限信息的一致性，因为岗位调整其权限自然就变化了。

试题三（共 15 分）

阅读以下说明，回答问题 1 至问题 3，将解答填入答题纸的对应栏内。

【说明】

某企业的 IT 部门为了细化工作分工，理顺管理流程，安排工程师小张负责本企业的网络硬件及相关设施管理。小张在明确了工作范围后，对工作内容做了初步规划，列出了以下三项主要工作。

(1) 对网络硬件设备进行统计，登记各部门的设备并检查设备管理情况。
(2) 通过对比企业网络配置连接图，对网络设备的配置进行梳理，对用户的访问权限进行确认。
(3) 对网络运行涉及的相关设施的安全和运行情况进行检查。

请结合自己的工作实际，回答以下问题。

【问题 1】（6 分）
简要说明硬件设备管理应遵循的基本要求。

【问题 2】（5 分）
从 ISO 网络管理模型的角度，简要说明网络管理包括哪些方面。

【问题 3】（4 分）
简要说明与网络相关的设施管理包括哪些内容。

试题三分析

本题考查 IT 资源管理的相关内容，IT 资源包括硬件管理、软件管理、数据管理、网络管理、设施及设备管理等内容。从题目的描述来看，工程师小张主要从事的是硬件资源和网络资源以及相关设施的管理。

【问题 1】

进行 IT 资源的管理，首先是识别企业待管理的硬件有哪些，搞清楚企业有哪些硬件设

备,哪些设备需要管理。这就是小张进行的工作的一个重点内容。在此基础上,设备管理基本要求包括以下几个方面。

(1) 所有硬件设备必须由专人负责管理,管理员必须定期对各种设备进行清理检查,确保设备处于正常使用状态;用电设备要按时进行线路检查,防止漏电、打火现象,确保设备、库房的安全,对故障设备应随时登记,并及时向上级汇报妥善处理。

(2) 所有硬件应该严格遵循部门制定的硬件管理条例,例如:一律不得擅自外借或者挪作他用,非本部门人员未经许可不得擅自使用本部门的设备等。

(3) 硬件设备在平时应该定期进行清点和检测,发现问题后应该及时进行处理。硬件系统应该定期进行备份,备份的硬盘要妥善保管、做好标签,以防止数据丢失,各种设备使用说明、保修卡、用户手册等也应该妥善保管。

【问题 2】

网络管理包含五个部分:网络性能管理、网络设备和应用配置管理、网络利用和计费管理、网络设备和应用故障管理以及安全管理。ISO 包含的这五部分定义如下。

(1) 性能管理。衡量及利用网络性能,实现网络性能监控和优化。

(2) 配置管理。监控网络和系统配置信息,从而可以跟踪和管理各个版本的硬件和软件元素的网络操作。

(3) 计费管理。衡量网络利用、个人或者小组网络活动,主要负责网络使用规则和账单等。

(4) 故障管理。负责监测、日志、通告用户自动解决网络问题,以确保网络高效运行。

(5) 安全管理。控制网络资源访问权限,确保网络不会遭到未授权用户的破坏等。

【问题 3】

网络相关设施和设备包括为了保障网络正常运行而提供必要保证的设施和设备。包括电源设备管理、机房空调设备管理、通信应急设备的管理(主要指在特殊危急时刻能保障网络通信的正常进行,结构化的布线系统)、楼宇管理、防护设备管理以及信息安全标准等方面的内容。

参考答案

【问题 1】

(1) 硬件设备必须由所在部门专人负责管理

(2) 硬件设备遵循部门制定的硬件设备管理条例

(3) 硬件设备应定时清点和检测

【问题 2】

(1) 性能管理

(2) 配置管理

(3) 计费管理

(4) 故障管理

(5) 安全管理

【问题 3】
（1）电源设备管理
（2）空调设备管理
（3）网络应急设备管理
（4）楼宇管理
（5）防护设备管理
（6）信息安全设施标准化管理

试题四（共 15 分）

阅读以下说明，回答问题 1 至问题 3，将解答填入答题纸的对应栏内。

【说明】
在系统投入正常运行之后，系统就进入了运行与维护阶段，要保证系统正常而可靠的运行，维护要有计划有组织的对系统进行必要的改动，以确保系统的各个要素随着环境的变化始终处于最新的和正确的工作状态。

某高校实验中心因职能调整，需要在 OA 办公系统中增加提供技术服务的业务流程。该校 IT 部门对此制订了相应的维护计划，组织了维护工作的实施。请结合系统维护的相关要求，回答下列问题。

【问题 1】（6 分）
请根据上述说明，在制订维护计划之前需要考虑哪些因素？

【问题 2】（4 分）
请用给出的选项补充完善如图 4-1 所示系统维护工作程序。

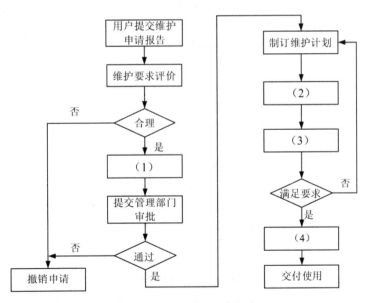

图 4-1 系统维护工作程序

（1）～（4）的备选答案：
    A．用户及管理部门审核   B．维护经费预算   C．进行维护并测试
    D．编制维护报告   E．更新系统文档

【问题3】（5分）
（1）按照维护具体目标可以将维护分成哪几类？
（2）指出本案例中的维护工作属于哪一类？

试题四分析

本题考查系统维护的相关知识。

此类题目要求考生了解维护计划的制订、维护程序的实施以及维护工作的基本分类等基础知识，并能将基本理论与维护工作的实际情况结合，熟练运用。

【问题1】

系统的维护工作不仅范围很广，而且影响因素多。因此，在设计维护计划之前，需要考虑下列三个方面的因素。

（1）维护的背景。包括系统当前的情况、维护的对象、维护工作的复杂性与规模。

（2）维护工作的影响。包括对新系统目标的影响、对当下工作进度的影响、对本系统其他部分的影响、对其他系统的影响。

（3）资源的要求。包括对维护提出的时间要求、维护所需费用、维护所需的工作人员等。

【问题2】

系统维护工作的主要过程描述如下：

执行维护工作的过程从用户提出"维护申请报告"开始，维护管理员要根据用户提交的申请，召集相关人员对申请内容进行审核，若情况属实就按照维护的性质、内容、预计工作量等内容编制维护报告，提交管理部门审批。

管理部门从整个系统出发，从合理性和技术可行性方面对维护报告进行分析与审查，对于不妥的维护要求，在与用户协商的条件下予以修改或者撤销。

通过审批的维护报告，由维护管理员根据具体情况制订维护计划。对于纠错性维护，可以根据影响程度进行安排，立即开始或者结合其他项目统筹安排。维护管理员将维护计划下达给系统管理员。系统管理员要根据单位的实际情况制订实施计划，计划维护工作的具体实施步骤的细节，然后开始具体的维护工作，修改内容要经过测试与管理部门的审核确认，只有经过确认的维护成果才能对系统进行相应的文档更新，最后交付用户使用。

【问题3】

按照维护的具体目标可将维护工作分为以下四类。

（1）完善性维护，即在应用软件系统使用期间，为了不断改善和加强系统的功能和性能以满足用户日益增长的需求进行的维护性工作。

（2）适应性维护，即为了让应用软件系统适应运行环境的变化而进行的维护活动。

（3）纠错性维护，即纠正在开发期间未能发现的遗留错误。

（4）预防性维护，即维护人员不是被动地等待用户提出要求，而是主动选择那些有较长使用寿命的部分加以维护。

本题涉及的维护是适应性维护。
参考答案
【问题 1】
（1）维护背景
（2）维护工作的影响
（3）资源的要求

【问题 2】
（1）D
（2）C
（3）A
（4）E

【问题 3】
（1）完善性维护、适应性维护、纠错性维护、预防性维护
（2）适应性维护

试题五（共 15 分）

阅读以下说明，回答问题 1 至问题 3，将解答填入答题纸的对应栏内。

【说明】

在信息系统管理中，访问控制是保障信息安全的主要措施，通过访问控制可以防止对计算机及计算机系统进行非授权的访问和存取，避免因越权操作导致泄密事件的发生。审计日志是信息安全事件追查的依据和线索，企业如果发生信息系统安全事件，通过审计日志可以排查责任，降低安全事件造成的损失。

前不久，某企业由于系统维护需要，在一段时间内有多家技术支持厂商在同一台计算机上进行了系统维护操作，由于该企业没有设置适当的权限并忽视了审计环节，也没有及时对该计算机日志进行维护，致使该计算机上的一份重要文件泄漏，因缺少证据和线索，无法对该事件进行追查。

请结合上述案例，从系统维护、权限管理以及信息安全防范的角度回答下列问题。

【问题 1】（6 分）
根据上述说明，对访问和使用该计算机的人员应采取哪些安全措施？

【问题 2】（6 分）
针对本案例，为避免再次发生无从追责的情况，应如何进行权限管理和日志审计？

【问题 3】（3 分）
运行管理是实现动态安全的关键环节，请简要说明运行管理的主要内容。

试题五分析

本题考查信息系统安全的相关知识，通过一个缺乏访问控制安全管理的维护工作的案例导致的信息泄密事件来考查考生对相关信息安全概念的理解和实际运用能力。

【问题 1】

对访问和使用该计算机的人员采取的措施包含两个方面的含义：其一是对访问和使用该

计算机的人员可以采用的访问控制策略，简单说就是对用户进行授权和验证，例如设置用户名、密码等；其二是对用户的操作进行的访问控制，就是对用户的操作或者存取进行限制，例如用户进入系统以后，对于文件程序类的资源进行读、写、创建、删除、修改等进行控制。

【问题2】

为了确保安全责任的落实，从权限管理和日志审计的角度避免再次发生安全责任事件。结合本案例，首先要做到的就是从源头，即从业务系统中启用权限管理，做到不同用户访问系统使用不同的账户和口令，禁止共用账户和口令；其次是要开启操作系统、应用系统的审计功能，确保用户的每一步操作都要产生日志记录，每一步操作都可追溯。

【问题3】

在本案例中，安全管理措施出现问题，本质上也是信息系统的运行管理出现了问题。运行管理是实现全网安全和动态安全的关键，有关的信息安全政策、计划和管理手段最终都会在运行管理机制上体现出来。一般来说，运行管理包括以下三个方面。

（1）出入管理。根据安全等级和涉密范围进行区分和控制，对人员的进入和离开以及进入的理由进行登记等限制措施。

（2）终端管理。通过终端管理对软硬件资源进行有效地管理，对应各种紧急情况的发生，不让终端处于失控状态。终端管理包括三个模块，分别是事件管理、配置管理与软件分发管理。

（3）信息管理。要对所有信息进行管理，提供信息分类和控制，健全信息管理的内容，在本案例中就包括对机密数据的特别处理流程、数据的管理职责、数据的保存期限和销毁方法等。

参考答案

【问题1】

（1）对用户授权与验证限制访问。

（2）通过存取控制来限制进入系统的用户所能做的操作。

【问题2】（6分）

（1）加强各业务系统的权限管理，用户权限管理到人，要禁止共用账户和口令。

（2）开启操作系统、应用系统的审计功能，确保操作人员的每一步操作内容可追溯。

【问题3】（3分）

（1）出入管理，落实人员进出区域、时间的审批与登记制度。

（2）终端管理，包括事件管理、配置管理和软件分发管理。

（3）信息管理，运行管理过程中，要将信息进行分类与控制。

第 7 章 2019 上半年信息系统管理工程师上午试题分析与解答

试题（1）
作为核心部件协调整个计算机系统进行正常工作的部件是 __(1)__ 。
(1) A．运算器　　　B．控制器　　　C．存储器　　　D．I/O 设备

试题（1）分析
本题考查计算机系统基础知识。

控制器是指按照预定顺序改变主电路或控制电路的接线和改变电路中电阻值来控制电动机的启动、调速、制动和反向的主令装置。由程序计数器、指令寄存器、指令译码器、时序产生器和操作控制器组成，它是发布命令的"决策机构"，即完成协调和指挥整个计算机系统的操作。

参考答案
(1) B

试题（2）
在 CPU 执行程序的过程中，由于发生了某事件而需要 CPU 暂时中止正在执行的程序，转去处理该事件，处理完之后再回到被中止的程序继续执行，这个过程称为 __(2)__ 。
(2) A．中断处理　　　B．同步处理　　　C．异步处理　　　D．并发处理

试题（2）分析
本题考查计算机系统基础知识。

中断是指计算机运行过程中，出现某些意外情况须主机干预时，机器能自动停止正在运行的程序并转入处理新情况的程序，处理完毕后又返回原被暂停的程序继续运行。

参考答案
(2) A

试题（3）
按照存储容量从小到大排列的存储器为 __(3)__ 。
(3) A．寄存器、高速缓存（Cache）、主存、辅存
　　B．高速缓存（Cache）、主存、寄存器、辅存
　　C．主存、高速缓存（Cache）、辅存、寄存器
　　D．辅存、主存、高速缓存（Cache）、寄存器

试题（3）分析
本题考查计算机系统基础知识。

冯·诺依曼计算机结构中，一个非常重要的部件就是存储器。在理想情形下，存储器应

该具备执行快、容量足和价格便宜等特点。但目前技术无法同时满足这三个目标，因此采用层次结构，典型的分层级存储器结构如下图所示。

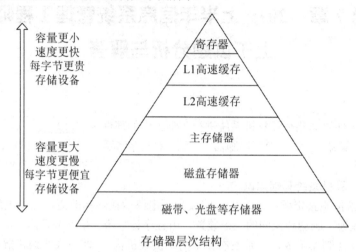

存储器层次结构

参考答案

（3）A

试题（4）

以下关于固态硬盘的叙述中，错误的是__(4)__。

（4）A．固态硬盘采用电子芯片存储阵列存储信息
　　　B．固态硬盘比传统机械硬盘的读写速度快
　　　C．固态硬盘的接口规范与传统机械硬盘相同
　　　D．固态硬盘中的控制单元采用机械部件构造

试题（4）分析

本题考查计算机系统基础知识。

固态硬盘是以电子存储的方式来储存数据的，主要由主控芯片、闪存芯片、固件算法等组成。机械硬盘是以磁做记忆介质的。

由于固态硬盘是半导体做记忆介质的，所以比机械硬盘的读写速度快很多，也比机械硬盘抗震动和抗摔，安全性更高。

参考答案

（4）D

试题（5）

某计算机系统中设置一个控制单元、多个处理单元和多个存储模块进行数据处理，它是通过__(5)__实现计算任务处理的并行性。

（5）A．时间重叠　　　B．资源重复　　　C．资源共享　　　D．编译优化

试题（5）分析

本题考查计算机系统基础知识。

系统中有多个处理单元和多个存储模块,显然属于通过资源重复的方式来实现并行性。

参考答案

(5) B

试题(6)

假设需要对编码为 1010010(八进制表示为 122)的数据进行偶校验并将校验位加在最高数据位之前,则增加校验位之后的编码用八进制表示为__(6)__。

(6) A.322　　　　B.642　　　　C.222　　　　D.242

试题(6)分析

本题考查计算机系统基础知识。

奇偶校验(Parity Check)是一种校验代码传输正确性的方法。根据被传输的一组二进制代码的数位中"1"的个数是奇数或偶数来进行校验。偶校验是指当实际数据中"1"的个数为偶数的时候,这个校验位就是"0",否则这个校验位就是"1",这样就可以保证传送数据满足偶校验的要求。

题中 1010010 中有 3 个"1",是奇数,需要将校验设置为 1,从而使"1"的个数为偶数,即 11010010,从右向左 3 位一组,转换为八进制就是 322。

参考答案

(6) A

试题(7)

高级语言程序中的__(7)__表示一组相同类型变量的有序集合。

(7) A.语句　　　　B.表达式　　　　C.数组　　　　D.指针

试题(7)分析

本题考查程序语言基础知识。

高级语言程序中,表达式是表示运算的式子,语句是可以单独执行的、能够产生实际效果的代码,表达式通常包含在语句中。

数组是有序的元素序列,在程序中用来表示一组相同类型的变量。

参考答案

(7) C

试题(8)

__(8)__ 编程的目的不是向计算机发出指令,因此其程序不具有运算逻辑和动作特征。

(8) A.PYTHON　　　B.XML　　　　C.JAVA　　　　D.C/C++

试题(8)分析

本题考查程序语言基础知识。

XML(可扩展标记语言)作为标准通用标记语言的子集,是一种用于标记电子文件使其具有结构性的标记语言。XML 被设计为传输和存储数据,其焦点是数据的内容。XML 是不作为的,因此其程序不具有运算逻辑和动作特征。

参考答案

(8) B

试题（9）

栈是限制为元素只能后进先出的数据结构，每个元素仅入栈和出栈各 1 次。对于初始为空的某栈，其入栈的元素序列为 1234，则__(9)__不是合法的出栈序列。

(9) A．3 2 4 1　　　　B．3 2 1 4　　　　C．3 1 4 2　　　　D．3 4 2 1

试题（9）分析

本题考查数据结构基础知识。

栈是后进先出的数据结构，若入栈序列为 1234，且要求 3 先出栈，则栈的状态如下所示。

$$\begin{array}{|c|}\hline 3 \\ 2 \\ 1 \\ \hline\end{array}$$

此时 3、2、1 依此出栈后，4 进栈之后出栈，即可得到序列 3214；3、2 依次出栈，然后 4 进栈并出栈，最后 1 出栈，可得到序列 3241；3 出栈后，4 进栈并出栈，然后 2 和 1 依次出栈，即可得到 3421。而 3142 是不能得到的出栈序列。

参考答案

(9) C

试题（10）

数据结构中，树描述了集合中元素之间的一对多逻辑关系，即__(10)__。

(10) A．线性关系　　　B．层次关系　　　C．网状关系　　　D．继承关系

试题（10）分析

本题考查数据结构基础知识。

数据结构中的树是由 n（$n \geq 1$）个有限结点组成的一个具有层次关系的集合。

参考答案

(10) B

试题（11）

计算机算法是对特定问题求解步骤的一种描述，算法的可行性是指__(11)__。

(11) A．对于合法输入和非法输入都能进行适当的处理

　　　B．算法对任何输入值都在执行有穷步骤后结束

　　　C．算法能正确地处理给定的问题并给出正确的结果

　　　D．算法中所描述的操作可以通过已经实现的基本操作执行有限次来完成

试题（11）分析

本题考查算法概念。

算法（algorithm）是对特定问题求解步骤的一种描述，它是指令的有限序列，其中每一条指令表示一个或多个操作。此外，一个算法还具有下列五个重要特性：

①有穷性。一个算法必须总是（对任何合法的输入值）在执行有穷步之后结束，且每一步都可在有穷时间内完成。

②确定性。算法中每一条指令必须有确切的含义，读者理解时不会产生二义性。即对于相同的输入只能得出相同的输出。

③可行性。一个算法是可行的,即算法中描述的操作都是通过已经实现的基本运算执行有限次来实现的。

④输入。一个算法有零个或多个输入,这些输入取自于某个特定的对象的集合。

⑤输出。一个算法有一个或多个输出,这些输出是同输入有着某种特定关系的量。

通常设计一个"好"的算法应考虑达到以下目标:①正确性,即算法应当能够正确地处理待求解问题;②可读性,即算法应当具有良好的可读性,以助于人们理解;③健壮性,当输入非法数据时,算法也能适当地做出反应或进行处理,而不会产生莫名其妙的输出结果;④效率与低存储量需求,效率是指算法执行的时间,存储量需求是指算法执行过程中所需要的最大存储空间,这两者都与问题的规模有关。

参考答案

(11) D

试题(12)

在 Windows 7 操作系统中,___(12)___ 可用于各个应用程序之间相互交换信息。

(12) A. 文件　　　B. 文件夹　　　C. 回收站　　　D. 剪贴板

试题(12)分析

本题考查剪贴板的作用。剪贴板是内存中的一块区域,是为应用程序之间相互传送信息所提供的一个缓存区。在 Windows 7 中,剪贴板只能使用一次,存放的是最后一次剪贴或复制的内容,但可以粘贴多次。"回收站"是硬盘上的一块区域,用于存放从硬盘删除的文件。

参考答案

(12) D

试题(13)

若某文件系统的目录结构如下图所示,假设用户要访问文件 book2.doc,且当前工作目录为 MyDrivers,则该文件的绝对路径和相对路径分别为___(13)___。

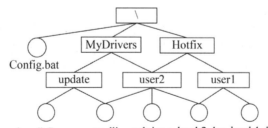

(13) A. MyDrivers \user2\和\user2\　　　B. \MyDrivers \user2\和\user2\
　　　C. \MyDrivers \user2\和 user2\　　　D. MyDrivers \user2\和 user2\

试题(13)分析

本题考查操作系统文件管理方面的基础知识。

按查找文件的起点不同可以将路径分为绝对路径和相对路径。从根目录开始的路径称为绝对路径;从用户当前工作目录开始的路径称为相对路径,相对路径是随着当前工作目录的变化而改变的。

参考答案

（13）C

试题（14）

"从减少成本和缩短研发周期考虑，要求嵌入式操作系统能运行在不同的微处理器平台上，能针对硬件变化进行结构与功能上的配置"是属于嵌入式操作系统的 (14) 特点。

(14) A．可定制　　　B．实时性　　　C．可靠性　　　D．易移植性

试题（14）分析

本题考查嵌入式操作系统的基本概念。

嵌入式操作系统的主要特点包括微型化、可定制、实时性、可靠性和易移植性。其中，可定制是指从减少成本和缩短研发周期考虑，要求嵌入式操作系统能运行在不同的微处理器平台上，能针对硬件变化进行结构与功能上的配置，以满足不同应用需要。

参考答案

（14）A

试题（15）

数据库系统中，构成数据模型的三要素是 (15) 。

(15) A．网状模型、关系模型、面向对象模型
　　　B．数据结构、网状模型、关系模型
　　　C．数据结构、数据操纵、完整性约束
　　　D．数据结构、关系模型、完整性约束

试题（15）分析

本题考查数据库系统的基础知识。

数据模型是数据库中非常核心的内容。一般来讲，数据模型是严格定义的一组概念的集合。这些概念精确地描述了系统的静态特性、动态特性和完整性约束条件。因此数据模型通常由数据结构、数据操纵和完整性约束三要素构成。外模式、模式和内模式是数据库系统的三级模式结构。数据库领域中常见的数据模型有网状模型、层次模型、关系模型和面向对象模型。实体、联系和属性是概念模型的三要素，概念模型又称为信息模型，是数据库中的一类模型，它和数据模型不同，是按用户的观点来对数据和信息建模的。

参考答案

（15）C

试题（16）

假设事务 T_1 对数据 D_1 加了共享锁，事务 T_2 对数据 D_2 加了排它锁，那么 (16) 。

(16) A．事务 T_2 对数据 D_1 加排它锁成功
　　　B．事务 T_1 对数据 D_2 加共享锁成功，加排它锁失败
　　　C．事务 T_1 对数据 D_2 加排它锁或共享锁都成功
　　　D．事务 T_1 对数据 D_2 加排它锁或共享锁都失败

试题（16）分析

本题考查数据库并发控制方面的基础知识。

根据题干"事务 T_1 对数据 D_1 加了共享锁"，那么事务 T_2 不能对数据 D_1 加排它锁。故选项 A 是错误的。根据题干"事务 T_2 对数据 D_2 加了排它锁"，那么其他事务对数据 D_2 不能再加共享锁或排它锁，即不能读取或修改数据 D_2。故选项 B、选项 C 都是错误的。

参考答案

（16）D

试题（17）

给定关系 $R(A,B,C,D,E)$ 和关系 $S(A,C,E,F,G)$，对其进行自然连接运算 $R \bowtie S$ 后其结果集的属性列为　(17)　。

(17) A．6个，即为 $R.A, R.C, R.E, S.A, S.C, S.E$

　　B．7个，即为 $R.A, R.B, R.C, R.D, R.E, S.F, S.G$

　　C．8个，即为 $R.A, R.B, R.C, R.D, R.E, S.A, S.C, S.E$

　　D．10个，即为 $R.A, R.B, R.C, R.D, R.E, S.A, S.C, S.E, S.F, S.G$

试题（17）分析

本题考查关系数据库基础知识。

自然连接是一种特殊的等值连接，它要求两个关系中进行比较的分量必须是相同的属性组，并且在结果集中将重复属性列去掉。对关系 $R(A,B,C,D,E)$ 和关系 $S(A,C,E,F,G)$ 进行自然连接运算后的属性列应为 7 个，即为 $R.A$，$R.B$，$R.C$，$R.D$，$R.E$，$S.F$，$S.G$。

参考答案

（17）B

试题（18）

给定关系 $R<U,F>$，$U=\{A_1,A_2,A_3,A_4,A_5\}$，$F=\{A_1 \to A_2, A_2 \to A_3, A_1A_4 \to A_5\}$。关系模式 R 的候选关键字为　(18)　。

(18) A．A_1　　　　　B．A_2　　　　　C．A_1A_4　　　　　D．A_4A_5

试题（18）分析

本题考查关系数据库基础知识。

候选码定义如下：设 K 为 $R<U,F>$ 中的属性的组合，若 $K \to U$，且对于 K 的任何一个真子集 K'，都有 K' 不能决定 U，则 K 为 R 的候选码（Candidate Key）。选项 A、选项 B 和选项 D 不能决定 U，故是错误的。选项 C 是正确的，因为 $(A_1A_4)_F^+ = U$，即 A_1A_4 的闭包为全属性，所以 A_1A_4 为 R 的候选码。

参考答案

（18）C

试题（19）～（21）

某高校教学管理系统中的院系关系 Department 和学生关系 Students 的模式分别为：Department（院系号，院系名，负责人号，电话），学生关系 Students（学生号，姓名，身份证号，院系号，联系电话，家庭住址）。若关系 Students 中的属性"家庭住址"可以进一步分为邮编、省、市、街道，则该属性为__(19)__。关系 Students 中__(20)__。请将下面的 SQL 语句空缺部分补充完整。

CREATE TABLE Students(学生号 CHAR(8) PRIMARY KEY，姓名 CHAR(10)，
　　　　　　　　　　身份证号 CHAR(13)，院系号 CHAR(13)，
　　　　　　　　　　联系电话 CHAR(13)，家庭住址 CHAR(30)
　　　　　　　　　　FOREIGN KEY __(21)__)；

(19) A．简单属性　　B．复合属性　　C．多值属性　　D．派生属性
(20) A．有1个候选键，为学生号
　　 B．有2个候选键，为身份证号和院系号
　　 C．有2个候选键，为学生号和身份证号
　　 D．有2个候选键，为学生号和院系号
(21) A．(联系电话) REFERENCES Department (电话)
　　 B．(院系号) REFERENCES Department (院系号)
　　 C．(院系号) REFERENCES Students (院系号)
　　 D．(负责人号) REFERENCES Students (学生号)

试题（19）～（21）分析

本题考查数据库系统的基础知识。

复合属性可以细分为更小的部分。根据题干"关系 Students 中的属性'家庭住址'可以进一步分为邮编、省、市、街道"，故家庭住址是复合属性。

学生关系中的属性学生号或者身份证号都可以唯一标识该关系的每一个元组，根据候选码的定义，学生号或者身份证号都可以作为候选键。

试题（21）考查关系的外键，对于 Students 关系中的院系号是一个外键，为了保证数据的正确性，通过参照完整性加以约束。SQL 语言中是通过使用如下保留字：FOREIGN KEY 定义外键，REFERENCES 指明外码对应于哪个表的主码。

参照完整性定义格式为：FOREIGN KEY（属性名）REFERENCES 表名（属性名）
按照以上所述，将（21）空缺部分补充完整的 SQL 语句如下：

CREATE TABLE S (学生号 CHAR(8) PRIMARY KEY，姓名 CHAR(10)，
　　　　　　　 身份证号 CHAR(13)，院系号 CHAR(13)，
　　　　　　　 联系电话 CHAR(13)，家庭住址 CHAR(30)
　　　　　　　 FOREIGN KEY (院系号) REFERENCES Department (院系号))；

参考答案

（19）B　　（20）C　　（21）B

试题（22）

某企业信息系统采用分布式数据库系统，"当某一场地故障时，系统可以使用其他场地上的复本而不至于使整个系统瘫痪"称为分布式数据库的__(22)__。

(22) A．共享性　　B．自治性　　C．可用性　　D．分布性

试题（22）分析

本题考查对分布式数据库基本概念的理解。

在分布式数据库系统中，共享性是指数据存储在不同的结点数据共享；自治性指每结点对本地数据都能独立管理；可用性是指当某一场地故障时，系统可以使用其他场地上的副本而不至于使整个系统瘫痪；分布性是指数据在不同场地上的存储。

参考答案

（22）C

试题（23）

防火墙通常可分为内网、外网和 DMZ 三个区域。按照受保护程度，从高到低正确的排列次序为__(23)__。

(23) A．内网、外网和 DMZ　　　　B．内网、DMZ 和外网
　　　 C．DMZ、内网和外网　　　　D．外网、内网和 DMZ

试题（23）分析

本题考查防火墙的基础知识。

通过防火墙我们可以将网络划分为三个区域：安全级别最高的 LAN Area（内网），安全级别中等的 DMZ 区域和安全级别最低的 Internet 区域（外网）。三个区域因担负不同的任务而拥有不同的访问策略。通常的规则如下：

（1）内网可以访问外网：内网的用户需要自由地访问外网。在这一策略中，防火墙需要执行 NAT。

（2）内网可以访问 DMZ：此策略使内网用户可以使用或者管理 DMZ 中的服务器。

（3）外网不能访问内网：这是防火墙的基本策略，内网中存放的是公司内部数据，显然这些数据是不允许外网的用户进行访问的。如果要访问，就要通过 VPN 方式来进行。

（4）外网可以访问 DMZ：DMZ 中的服务器需要为外界提供服务，所以外网必须可以访问 DMZ。同时，外网访问 DMZ 需要由防火墙完成对外地址到服务器实际地址的转换。

（5）DMZ 不能访问内网：如不执行此策略，则当入侵者攻陷 DMZ 时，内部网络将不会受到保护。

（6）DMZ 不能访问外网：此条策略也有例外，可以根据需要设定某个特定的服务器能够访问外网，以保证该服务器正常工作。

综上所述，防火墙区域按照受保护程度从高到低正确的排列次序应为内网、DMZ 和外网。

参考答案

（23）B

试题（24）

"保证合法用户对信息和资源的使用不会被不正当地拒绝""保证数据的一致性，防止数据被非法用户篡改。"分别属于信息安全的__(24)__基本要素。

(24) A．可用性、可控性　　　　B．可用性、完整性
　　　 C．机密性、完整性　　　　D．机密性、可审查性

试题（24）分析

本题考查信息安全基础知识。

信息安全的基本要素包括：真实性、机密性、完整性、可用性、不可抵赖性、可控性和可审查性。其中：

- 真实性：对信息的来源进行判断，能对伪造来源的信息予以鉴别。
- 机密性：确保信息不暴露给未授权的实体或进程。
- 完整性：保证数据的一致性，防止数据被非法用户篡改。
- 可用性：保证合法用户对信息和资源的使用不会被不正当地拒绝。
- 不可抵赖性：建立有效的责任机制，防止用户否认其行为，这一点在电子商务中是极为重要的。
- 可控性：可以控制授权范围的信息内容、流向和行为方式。
- 可审查性：为出现的网络安全问题提供调查的依据和手段。

参考答案

（24）B

试题（25）

某股票运营公司的股票信息系统出现了如下问题，其中最严重、影响面最大的问题是__(25)__。

（25）A．客户资料丢失　　　　　　B．客户经理生病
　　　C．计算机软件系统崩溃　　　D．计算机硬件设备故障

试题（25）分析

客户资料丢失对社会的影响面大，会给客户造成各种损失。其他问题会造成一定的损失，但这些损失是可预计的并且可以在公司内部解决，影响面小。

参考答案

（25）A

试题（26）

以下选项中，__(26)__是我国著作权法所保护的对象。

（26）A．时事新闻　　　　　　B．计算机保护条例
　　　C．计算机文档　　　　　D．通用表格和公式

试题（26）分析

本题考查知识产权基础知识。软件著作权保护的对象是指著作权法保护的计算机软件，包括计算机程序及其有关文档。软件文档是指用自然语言或者形式化语言所编写的文字资料和图表，以用来描述程序的内容、组成、设计、功能、开发情况、测试结果及使用方法等，如程序设计说明书、流程图、数据流图、用户手册等。

《中华人民共和国著作权法》第五条规定"本法不适用于：

（一）法律、法规，国家机关的决议、决定、命令和其他具有立法、行政、司法性质的文件，及其官方正式译文；

（二）时事新闻；

(三)历法、通用数表、通用表格和公式。"

计算机保护条例属于行政、司法性质文件,不受《中华人民共和国著作权法》所保护。

参考答案

(26) C

试题(27)

如果张三将盗版软件给李四使用,李四不知道该软件是盗版的,那么__(27)__。

(27) A. 应由张三承担侵权责任
　　　B. 应由李四承担侵权责任
　　　C. 应由张三和李四共同承担侵权责任
　　　D. 张三和李四都不承担侵权责任

试题(27)分析

"盗版软件"即侵权的软件复制品。《计算机软件保护条例》使用了软件侵权复制品持有人主观上知道或者应当知道所持软件是否为侵权复制品为标准。知道软件是侵权复制品而使用运行,持有人主观上应当属于故意,即明知故犯。有合理理由推论或者认定持有人应当知道其对所使用运行的软件为侵权复制品,如主观上存有疏忽大意等过失,而使用运行了侵权复制品,应当承担法律责任。主观上不知或者没有合理理由应知的持有人,对该软件的使用运行等行为不承担民事赔偿责任。但是当其一旦知道了所使用的软件为侵权复制品时,应当履行停止使用、销毁该软件的法律义务。

《计算机软件保护条例》第二十八条规定,软件复制品的出版者、制作者不能证明其出版、制作有合法授权的,或者软件复制品的发行者、出租者不能证明其发行、出租的复制品有合法来源的,应当承担法律责任。

参考答案

(27) A

试题(28)

按照ISO的OSI/RM的分法,计算机网络的体系结构参考模型分为__(28)__。

(28) A. 3层　　　　B. 5层　　　　C. 7层　　　　D. 2层

试题(28)分析

本题考查对计算机网络体系结构的基本认识。

国际标准化组织(International Organization for Standardization,ISO)为了使网络应用更为普及,由开放式系统互联(Open System Interconnect,OSI)组织推出了网络互联模型,即OSI/RM(Reference Model),一般称作OSI参考模型。该体系结构标准定义了网络互联的七层框架(物理层、数据链路层、网络层、传输层、会话层、表示层和应用层),即开放系统互联参考模型。

参考答案

(28) C

试题(29)

TCP/IP是国际互联网(Internet)事实上的工业标准,它包含了多个协议,所以也称它为协议簇或者协议栈。该协议簇的两个核心协议是其本身所指的两个协议集，即 __(29)__ 。

(29) A．共享协议和分享协议
 B．用户数据报和分层协议
 C．传输控制协议和互联网络协议
 D．远程控制协议和近程邮件协议

试题（29）分析

本题考查对互联网络协议的基本认识。

互联网协议套件（Internet Protocol Suite）是一个网络通信模型，涉及整个网络传输协议家族，为互联网的基础通信架构。通常称为 TCP/IP 协议族（TCP/IP Protocol Suite，或 TCP/IP Protocols），简称 TCP/IP。该协议簇本身所指的两个核心协议是 TCP（传输控制协议）和 IP（互联网络协议，也称网际协议）。

综上所述，可以看出该协议簇的两个核心协议是其本身所指的 TCP（传输控制协议）和 IP（互联网络协议）。

参考答案

(29) C

试题（30）

数据通信模型按照数据信息在传输链路上的传送方向，可以分为三类。下列选项中，__(30)__ 不属于这三类传输方式。

(30) A．单工通信：信号只能向一个方向传送
 B．半双工通信：信息的传递可以是双向的
 C．全双工通信：通信的双方可以同时发送和接收信息
 D．全单工通信：信号同时向两个方向传输

试题（30）分析

本题考查对计算机网络传输基础知识的掌握程度。

数据通信是计算机网络中解决传输问题的重要技术，按照数据信息在传输链路上的传输方向，数据通信模型的分类包括：单工通信，信号只能向一个方向传送；半双工通信，信息的传递可以是双向的；全双工通信，通信的双方可以同时发送和接收信息。没有全单工这样的提法。

参考答案

(30) D

试题（31）

以太网（Ethernet）是一种计算机局域网技术，由美国 Xerox 等公司研发并推广。以太网协议定义了一系列软件和硬件标准，从而将不同的计算机设备连接在一起。以太网技术规范是一个工业标准，下列选项中不属于其技术规范的是 __(31)__ 。

(31) A．拓扑结构：总线型
 B．介质访问控制方式：CSMA/CD
 C．最大传输距离：2.5m（采用中继器）

D. 传输介质：同轴电缆（50Ω）或双绞线

试题（31）分析

本题考查对局域网组网技术的掌握程度。

通常，习惯上把 802.3 局域网称为以太网，实际上 IEEE 802.3 局域网络协议基本上与 Ethernet 技术规范一致。作为工业标准，它的主要技术规范包括：总线型拓扑、介质访问控制方式是 CSMA/CD、传输速率是 10Mb/s、传输介质是同轴电缆（50Ω）或双绞线等、最大传输距离是 2.5km（采用中继器）等。

综上所述，可以看出其规范中最大传输距离是 2.5km，不是 2.5m。

参考答案

（31）C

试题（32）

一般来说，网络管理就是通过某种方式对网络状态进行调整，使网络能正常、高效地运行。下列选项中不属于网络管理范围的是 __（32）__ 。

（32）A．网络性能管理　　　　　　　　B．网络设备和应用配置管理
　　　　C．网络利用和计费管理　　　　　　D．等保测评和风险评估

试题（32）分析

本题考查对网络管理的认知程度。

任何一个系统都需要管理，根据系统的大小、复杂程度，其管理成本和重要性都会有所不同。网络管理就是通过某种方式对网络状态进行调整，使网络能正常、高效地运行。具体来讲，就是使网络中的各种资源得到更加高效的利用，当网络出现故障时能及时作出报告和处理，并协调、保持网络的高效运行。结合 ISO 的网络管理模型，它涉及五部分内容：网络性能管理、网络设备和应用配置管理、网络利用和计费管理、应用故障管理、安全管理。而等保测评和风险评估是对系统进行安全评估的。

参考答案

（32）D

试题（33）

从 IPv4 的地址构造来看，其表达的网络地址数是有限的。现在有一个 C 类地址：210.34.198.X，意味着这个地址唯一标识一个物理网络，该网络最多可以有 255 个结点。但若此时有多个物理网络要表示，且每个物理网络的结点数较少，则需要采用子网划分技术，用部分结点位数作为表达子网的位数。此处用结点数的前两位作为子网数，就可以区分 4 个子网了。此时其对应的子网掩码是 __（33）__ 。

（33）A．255.255.255.256　　　　　　　B．255.255.255.128
　　　　C．255.255.255.198　　　　　　　D．255.255.255.192

试题（33）分析

本题考查对网络应用中的 IP 地址和子网掩码的理解。

互联网中 IP 地址具有固定、规范的格式。对于 IPv4 来说，TCP/IP 协议规定，每个地址由 32 个二进制位组成，每 8 位为一组，每组所能表达的十进制数为 0～255，组之间用逗号

隔开。IP 地址分成五类,即 A 类地址、B 类地址、C 类地址、D 类地址和 E 类地址。采用子网划分技术的目的是更好且灵活解决网络地址的应用问题。针对 C 类地址而言,其子网掩码通常是 255.255.255.0,但本题中将原表达结点的前两位用来表达子网,所以其最后一组的掩码二进制形式是 11000000,换算成十进制是 192。

参考答案

(33) D

试题(34)

软件工程的基本要素包括方法、工具和___(34)___。

(34) A. 软件系统　　B. 硬件环境　　C. 过程　　D. 人员

试题(34)分析

本题考查软件工程的基本要素。

软件工程是层次化的,从底向上分别为质量、过程、方法和工具。

参考答案

(34) C

试题(35)

系统可维护性的评价指标不包括___(35)___。

(35) A. 可理解性　　B. 可移植性　　C. 可测试性　　D. 可修改性

试题(35)分析

本题考查系统可维护性评价指标。

软件的可维护性是指维护人员理解、改正、改动和改进这个软件的难易程度,是软件开发阶段各个时期的关键目标。软件系统的可维护性评价指标包括可理解性、可测试性、可修改性。

参考答案

(35) B

试题(36)

以下关于项目估算的叙述中,不正确的是___(36)___。

(36) A. 需要估算的项目参数包括项目规模、工作量、项目持续时间和成本
　　　B. 项目估算是制订项目开发计划的基础和依据
　　　C. 用专家判断方法进行项目估计会得到不精确的估算值
　　　D. 启发式估算方法如 COCOMO II 模型可以得到精确的估算值

试题(36)分析

本题考查项目估算的相关知识。

项目估算是制订项目开发计划的基础,估算参数包括项目规模、工作量、项目持续时间和成本等,常见的项目估算方法有成本建模技术、专家判断技术、类比评估方法等。COCOMO 模型是普及程度比较高的一种自顶向下项目成本估算模型,是比较精确且易于使用的成本估算方法。而启发式估算方法成本相对较低,而且较为快捷,精度不高。

参考答案

(36) D

试题(37)

以下关于敏捷方法的叙述中，不正确的是__(37)__。

(37) A. 相对于过程和工具，更强调个人和交互
B. 相对于严格的文档，更重视可工作的软件
C. 相对于与客户的合作，更注重合同谈判
D. 相对于遵循计划，更专注于对变化的响应

试题(37)分析

本题考查敏捷方法的相关知识。

敏捷开发是一种以人为核心、迭代、循序渐进的开发方法。敏捷软件开发宣言：相对于过程和工具，更强调个人和交互；相对于严格的文档，更重视可工作的软件；相对于合同谈判，更注重与客户的合作；相对于遵循计划，更专注于对变化的响应。

参考答案

(37) C

试题(38)

某互联网企业使用 Bug 管理工具来管理 Bug，支持 Bug 录入、追踪等功能。该工具属于__(38)__。

(38) A. 面向作业处理的系统　　　　B. 面向管理控制的系统
C. 面向决策计划的系统　　　　D. 面向数据汇总的系统

试题(38)分析

本题考查对信息系统类型的理解及应用。

根据信息服务对象的不同，企业中的信息系统可以分为三类：①面向作业处理的系统，包括办公自动化系统、事务处理系统、数据采集与监测系统；②面向管理控制的系统，包括电子数据处理系统、知识工作支持系统和计算机集成制造系统；③面向决策计划的系统，包括决策支持系统、战略信息系统和管理专家系统。因此该工具属于面向作业处理的系统。

参考答案

(38) A

试题(39)

以下不属于信息系统层次结构的是__(39)__。

(39) A. 战略计划层　　B. 战术管理层　　C. 技术实施层　　D. 业务处理层

试题(39)分析

本题考查信息系统层次结构的划分知识。

在实际应用中，一般由上到下把企业管理活动分为三个不同的层次：战略计划层、战术管理层和业务处理层。

参考答案

(39) C

试题（40）

以下关于信息系统组成的叙述中，不正确的是__(40)__。

(40) A．信息系统包括底层通信系统
   B．信息系统包括办公场地和仪器设备
   C．信息系统包括非计算机系统的信息收集和处理设备
   D．信息系统包括相关的规章制度和工作人员

试题（40）分析

本题考查信息系统的组成。

信息系统是由计算机硬件、计算机软件、网络和通信设备、信息资源、信息用户和规程组成的以处理信息流为目的的人机一体化系统，因此不包括办公场地。

参考答案

(40) B

试题（41）

以下关于信息系统的叙述中，不正确的是__(41)__。

(41) A．信息系统输入数据，输出信息
   B．信息系统中用"反馈"来调整或改变输入输出
   C．在计算机出现之前没有信息系统
   D．信息系统输出的信息必定是有用的

试题（41）分析

本题考查信息系统的相关知识。

信息系统是能够接收输入数据和指令并按照指令处理数据，生成并输出有用信息的系统，并可以通过反馈机制来调整输入输出。信息系统的概念早在计算机出现之前就已提出，但那时只是手工操作系统和机械操作系统。

参考答案：

(41) C

试题（42）

信息系统项目的采购管理不包括__(42)__。

(42) A．采购计划　　　B．人员获得　　　C．来源选择　　　D．合同管理

试题（42）分析

本题考查项目采购管理的过程概念。

项目采购管理的主要过程包括：

①采购计划：对采购方式、采购任务分配、品目进行管理，包括采购打包、采购方式审批、品目确定；②实施采购：对采购执行过程、招标过程管理，包括采购来源选择、采购状态、采购结果登记、采购结果审批；③合同管理：对采购合同进行管理，包括合同变更、合同模板、合同终止、保证金提醒；④项目实施：对项目验收执行过程管理，包括验收结果登记、付款登记、报增固定资产等过程。

参考答案

（42）B

试题（43）

以下关于信息系统项目的叙述中，不正确的是 __(43)__ 。

(43) A．信息系统项目目标不精确
   B．信息系统项目任务边界模糊
   C．开发过程中费用很少变化
   D．信息系统项目受人力资源影响大

试题（43）分析

本题考查信息系统项目相关的特点。

信息工程项目投资构成包括工程前期费用、监理费、咨询/设计费用、工程费用、第三方工程测试费用、工程验收费用、系统运行维护费用、风险费用和其他费用，会随着项目开发过程中产生的各种问题而变动。信息系统项目的特点是：目标是不精确的、变更比较频繁、受人力资源的影响很大。

参考答案

（43）C

试题（44）

以下关于信息系统项目管理的叙述中，不正确的是 __(44)__ 。

(44) A．项目管理是一项复杂的工作
   B．项目管理不需要创造性
   C．项目管理需要建立专门的项目组织
   D．项目负责人在管理过程中起重要作用

试题（44）分析

本题考查项目管理的特点。

项目管理的特点是：①项目管理是一项复杂的工作；②项目管理具有创造性；③项目管理需要集权领导和建立专门的项目组织；④项目管理者或项目经理在项目管理中起着非常重要的作用。

参考答案

（44）B

试题（45）

以下关于系统说明书的叙述中，不正确的是 __(45)__ 。

(45) A．系统说明书的描述要全面
   B．系统说明书要描述系统各部分的相互联系
   C．系统说明书要表达清楚
   D．系统说明书要尽可能的复杂

试题（45）分析

系统说明书是系统分析阶段工作的全面总结，系统说明书应达到的基本要求是全面、系

统、准确、翔实、清晰地表达系统开发的目标、任务和系统功能，要达到的目标是定义系统的各个组成部分、描述各个部分的结构、描述各个部分的相互关系以及它们如何相互协调工作、产生物理设计的基础。

参考答案

（45）D

试题（46）

以下选项中，___（46）___不属于实体联系图。

（46）A．实体　　　　B．数据流　　　　　C．联系　　　　　D．属性

试题（46）分析

本题考查实体联系图的概念。

实体联系图描述系统的逻辑结构，包括实体、联系和属性三个基本成分。数据流不是实体联系图的组成部分。

参考答案：

（46）B

试题（47）

以下选项中，___（47）___不属于统一建模语言中的图。

（47）A．用例图　　　B．行为图　　　　　C．交互图　　　　D．数据流图

试题（47）分析

本题考查统一建模语言中的模型图。

统一建模语言提供九种图：用例图；类图；对象图；行为图，包括活动图、状态图；交互图，包括顺序（时序）图、协作（合作）图；构件（组件）图；部署（配置）图。数据流图不属于统一建模语言中的图。

参考答案

（47）D

试题（48）

结构化模块设计的辅助工具不包括___（48）___。

（48）A．系统流程图　　B．HIPO技术　　　C．数据流程图　　D．模块结构图

试题（48）分析

本题考查结构化模块设计过程中的辅助工具知识。

结构化模块设计的辅助工具有系统流程图、HIPO技术和模块结构图。

参考答案

（48）C

试题（49）

以下不属于软件系统结构设计原则的是___（49）___。

（49）A．分解协调原则　　　　　　　　　B．信息隐蔽原则
　　　C．自底向上原则　　　　　　　　　D．一致性原则

试题（49）分析

本题考查软件系统结构设计的原则。

软件系统结构设计原则有：①分解协调原则；②信息隐蔽、抽象原则；③自顶向下原则；④一致性原则；⑤面向用户的原则。

参考答案

（49）C

试题（50）

以下关于数据库设计的叙述中，不正确的是 __(50)__ 。

（50）A．用户需求分析确定信息系统的使用者及管理员对数据的要求
　　　B．概念设计一般采用 E-R 模型来构建
　　　C．逻辑结构设计将概念模型转换为数据库管理系统支持的数据模型
　　　D．物理设计以概念设计结果为输入，选择合适的存储结构和存储方法

试题（50）分析

本题考查数据库设计的相关知识。

数据库需求分析的重点是调查、收集和分析用户数据管理中的信息需求、处理需求、安全性与完整性要求。E-R 模型在概念结构设计阶段用来描述信息需求和要存储在数据库中的信息的类型。逻辑结构设计是将概念结构设计阶段所得到的概念模型转换为具体 DBMS 所能支持的数据模型。物理设计是选择合适的存储结构和存储方法。

参考答案

（50）D

试题（51）

以下不属于面向对象程序设计特性的是 __(51)__ 。

（51）A．封装性　　　B．继承性　　　C．完整性　　　D．多态性

试题（51）分析

本题考查面向对象程序设计的特性。

面向对象程序设计特性：抽象、封装、继承、多态。故完整性不属于面向对象程序设计特性。

参考答案

（51）C

试题（52）

以下关于单元测试的叙述中，不正确的是 __(52)__ 。

（52）A．单元测试是指对软件中的最小可测试单元进行检查和验证
　　　B．单元测试是在软件开发过程中要进行的最低级别的测试活动
　　　C．结构化编程语言中的测试单元一般是函数或子过程
　　　D．单元测试不能由程序员自己完成

试题（52）分析

本题考查软件测试基础知识。

单元测试是指对软件中的最小可测试单元进行检查和验证；单元测试是在软件开发过程中要进行的最低级别的测试活动，软件的独立单元将在与程序的其他部分相隔离的情况下进行测试。传统的结构化编程语言中，比如 C 语言，要进行测试的单元一般是函数或子过程。在像 C++这样的面向对象的语言中，要进行测试的基本单元是类。单元测试一般是由程序员自己来完成。

参考答案：

（52）D

试题（53）

某工厂已有一套 ERP 系统，但无法满足新的需求，要上线一套新的 ERP 系统，新系统上线后直接停用已有系统，这种系统转换方式属于___(53)___。

（53）A．分段转换　　　B．直接转换　　　C．并行转换　　　D．串行转换

试题（53）分析

本题考查对新旧系统转换方式的掌握情况。

新旧系统之间有三种转换方式：直接转换、并行转换和分段转换。其中，直接转换是在确定新系统试运行正常后，启用新系统的同时终止旧系统；并行转换是新旧系统并行工作一段时间，经过足够的时间考验后，新系统正式代替旧系统；分段转换则是用新系统一部分一部分地替换旧系统。新系统上线直接替换已有系统属于直接转换。

参考答案

（53）B

试题（54）

IT 系统管理工作的 IT 部门人员管理包括 IT 组织及职责设计、IT 人员的教育与培训及第三方/外包的管理。其中 IT 组织设计原则涉及多方面内容，下面___(54)___不属于这些组织设计原则应考虑的内容。

（54）A．IT 部门应该设立清晰的愿景和目标
　　　B．根据 IT 部门的服务内容重新思考和划分部门职能
　　　C．扩充 IT 系统支持人员
　　　D．建立目标管理制度、项目管理制度

试题（54）分析

本题考查对 IT 系统管理工作中的部门人员管理的认识。

IT 部门人员管理包括 IT 组织及职责设计、IT 人员的教育与培训及第三方/外包的管理。而对 IT 组织及职责设计来说，IT 组织架构及职责应能充分支持 IT 战略规划并足以使 IT 业务与目标趋于一致，并且应该有明确的职责设计，在进行 IT 组织及职责设计中，应注重设立清晰的愿景和目标，根据 IT 部门的服务内容重新思考和划分部门职能，建立目标管理制度、项目管理制度，建立科学的现代人力资源管理体系和薪酬考核体系，使 IT 组织柔性化等。对于人员的管理要求有科学的人力资源管理体系和绩效考核，而不是一味盲目地扩充人员。

综上所述，可以看出组织设计原则没有扩充 IT 系统支持人员的提法。

参考答案

（54）C

试题（55）

系统日常操作管理是整个 IT 管理中直接面向客户并且是最为基础的部分，从广义的角度讲，运行管理所反映的是 IT 管理的一些日常事务，它们除了确保基础架构的可靠性之外，还需要保证基础架构的运行始终处于最优的状态。下面选项中，不属于系统日常操作管理范围的是 __(55)__ 。

（55）A．企业财务状况评估及调度管理

　　　　B．作业调度管理

　　　　C．帮助服务台管理

　　　　D．性能及可用性保障

试题（55）分析

本题考查对系统日常操作管理中的系统日常操作范围的理解与掌握。

IT 系统日常操作管理中的日常操作范围涉及企业多项日常管理工作：作业调度管理、帮助服务台管理、故障管理及用户支持、性能及可用性保障和输出管理等内容。没有专门针对企业财务状况的评估及调度管理的提法。

综上所述，可以看出无企业财务状况评估及调度管理的提法。

参考答案

（55）A

试题（56）

现在的 IT 系统运行环境发生了很大变化，特别是分布式环境中的管理系统在管理复杂环境、提高管理生产率及应用的业务价值方面表现出了更好的优越性。这些优越性不包括下列选项中的 __(56)__ 。

（56）A．物联网络资源使用考核　　B．跨平台管理

　　　　C．可扩展性和灵活性　　　　D．可视化的管理

试题（56）分析

本题考查对分布式系统的管理工作内容的正确理解。

现在的 IT 系统运行环境带来了新的管理挑战。特别是在有的应用领域，系统中包括了不同的主机、不同类型的网络、多种平台和操作系统、多种数据库、各种应用软件等，而分布式环境中的管理系统在管理复杂环境、提高管理生产率及应用的业务价值方面表现出了更好的优越性。这些优越性包括：跨平台管理、可扩展性和灵活性、可视化的管理及智能化技术。这是从宏观、整体的角度去评判，不涉及物联网络资源使用考核的问题。

综上所述，物联网络资源使用考核不在这些优越性之列。

参考答案

（56）A

试题（57）

IT 资源管理中的硬件配置管理，硬件经常被划分为各类配置项（Configuration Item，CI）。

一个 CI 或一组 CI 在其生命周期的不同时间点上通过正式评审而进入正式受控的一种状态称为基线。下列选项中，__(57)__ 不属于基线的属性。

(57) A．通过正式的评审过程建立
　　 B．基线存于基线库中，基线的变更接受更高权限的控制
　　 C．硬件的正确性管理
　　 D．基线是进一步开发和修改的基准和出发点

试题（57）分析

本题考查对 IT 资源管理中的硬件配置管理的理解。

IT 资源管理中，硬件配置管理包括了对各 CI 进行标识并对它们的配置的修改和控制的过程。一个 CI 或一组 CI 在其生命周期的不同时间点上通过正式评审而进入正式受控的一种状态称为基线。基线的属性有：通过正式的评审过程建立，基线存于基线库中，基线的变更接受更高权限的控制，基线是进一步开发和修改的基准和出发点等。不涉及硬件的正确性管理问题。

参考答案

(57) C

试题（58）

IT 资源管理中，软件管理的范围涉及对软件资源的认定。下列选项中，__(58)__ 不属于软件资源。

(58) A．操作系统、中间件　　　　　　B．分布式环境软件、应用软件
　　 C．软件测试过程及设备测试过程　　D．应用表格、操作手册

试题（58）分析

本题考查对 IT 资源管理中的软件管理涉及的软件资源的正确理解。

IT 资源管理中的软件管理涉及软件资源。软件资源就是指企业整个环境中运行的软件和文档。其中软件包括操作系统、中间件、各类应用软件等；文档包括应用表格、操作手册等。软件测试过程和设备测试过程均强调过程，不属于软件资源。

参考答案

(58) C

试题（59）

现代计算机网络维护管理系统主要由四个要素组成。下列选项中，__(59)__ 不属于这四个要素。

(59) A．若干被管理的代理（Managed Agents）
　　 B．至少一个网络维护管理器（Network Manager）
　　 C．一种公共网络维护管理协议（Network Maintenance Management Protocol）
　　 D．网络中继器和存储池管理

试题（59）分析

本题考查对网络维护管理系统的四个要素的理解。

IT 资源管理中的网络资源管理涉及现代计算机网络维护管理系统的四个要素，即若干被

管理的代理（Managed Agents）、至少一个网络维护管理器（Network Manager）、一种公共网络维护管理协议（Network Maintenance Management Protocol）、一种或多种管理信息库（Management Information Base）。没有网络中继器和存储池管理。

参考答案

（59）D

试题（60）

常见的网络管理协议主要有两种，一种是由 ISO 定义的通用管理信息协议（CMIP），另一种是由 IETF 定义的__（60）__。

（60）A．用户数据报管理协议　　　　B．通信服务管理协议
　　　C．复杂网络管理协议　　　　　D．简单网络管理协议

试题（60）分析

本题考查对网络管理中的主要管理协议的理解。

在对网络资源管理过程中，网络管理协议很重要，常见的网络管理协议主要有两种：一种是由 ISO 定义的通用管理信息协议（CMIP），另一种是由 IETF 定义的简单网络管理协议（SNMP）。

参考答案

（60）D

试题（61）

故障管理流程包含五项基本活动，其基本管理流程顺序是__（61）__。

（61）A．故障调研、故障监视、故障支持、故障恢复、故障终止
　　　B．故障监视、故障调研、故障支持、故障恢复、故障终止
　　　C．故障支持、故障调研、故障监视、故障恢复、故障终止
　　　D．故障调研、故障监视、故障支持、故障终止、故障恢复

试题（61）分析

本题考查对故障管理流程中五项活动内容的理解及掌握程度。

在 IT 系统中，故障管理的流程包括五项基本活动内容。按顺序，它们的执行流程是先进行故障监视，再针对故障信息的来源进行故障调研，然后进行故障的初步支持，初步的目的是尽可能快地恢复用户的正常工作，尽量避免或者减少故障对系统服务的影响。解决故障和恢复服务后，就进入到故障终止阶段，确认故障是否成功解决，更新故障信息和故障记录。

参考答案

（61）B

试题（62）

数据库故障中的事务故障是指事务在运行至正常终点前被终止，此时数据库可能处于不正确的状态，恢复程序要在不影响其他事务运行的情况下强行回滚该事务。恢复要完成的工作包括：

①对该事务的更新操作执行逆操作，将日志记录更新前的值写入数据库

②反向扫描日志文件，查找该事务的更新操作

③继续反向扫描日志文件，查找该事务的其他更新操作，做同样的处理
④如此处理下去，直到读到了此事务的开始标记
正确的恢复步骤是__(62)__。

(62) A. ④③②①   B. ①②③④   C. ③④②①   D. ②①③④

试题 (62) 分析

本题考查对数据库故障中的事务故障的恢复措施的正确理解。

事务故障是指事务在运行至正常终点前被终止，此时数据库可能处于不正确的状态，恢复程序要在不影响其他事务运行的情况下强行回滚该事务，即撤销该事务已经做出的任何对数据库的修改，使得事务好像完全没有启动一样，恢复步骤是：

(1) 先反向（从后向前）扫描日志文件，查找该事务的更新操作；
(2) 接着对该事务的更新操作执行逆操作，将日志记录更新前的值写入数据库；
(3) 继续反向扫描日志文件，查找该事务的其他更新操作，做同样的处理；
(4) 如此处理下去，直到读到了此事务的开始标记，事务故障恢复就算完成了。

参考答案

(62) D

试题 (63)

信息系统的安全管理中，物理安全主要包括三个方面。下列选项中，__(63)__不属于这三个方面。

(63) A. 环境安全   B. 设施和设备安全
    C. 作业调度优先级安全   D. 介质安全

试题 (63) 分析

本题考查对物理安全的正确认识。

在安全管理中，物理安全是信息安全的最基本保障，是整个安全系统不可缺少和不可忽视的组成部分。物理安全必须与其他技术和管理安全一起被实施，才能做到全面的保护。物理安全包括三个方面：环境安全、设施和设备安全、介质安全。没有作业调度优先级安全这样的提法。

参考答案

(63) C

试题 (64)

没有绝对安全的环境，每个环境都有一定程度的漏洞和风险。风险是指某种破坏或损失发生的可能性，风险管理是指识别、评估、降低风险到可以接受的程度。下列选项中，__(64)__不是风险管理的内容。

(64) A. 风险分析   B. 发现并孤立风险
    C. 风险评估   D. 风险控制

试题 (64) 分析

本题考查对风险管理的理解。

风险管理是指识别、评估、降低风险到可以接受的程度，并实施适当机制控制风险保持在

此程度之内的过程。其具体做法是通过定性和定量分析技术完成风险分析；按照需要保护的资产及要保护的程度进行风险评估；在进行了识别和评估后，通过各种方式降低风险，即控制风险。发现并控制风险属于风险管理的工作，但孤立风险的提法不准确。

参考答案

（64）B

试题（65）

系统性能评价中的系统吞吐率指标是系统生产力的度量标准，描述了在给定时间内系统处理的工作量，一般是指单位时间内的工作量。其中的 TPS 评价指标是指 __(65)__ 。

（65）A．系统每秒数据报文数
　　　B．系统每秒百万次浮点运算数
　　　C．系统每秒处理的事务数量
　　　D．系统每秒百万次指令执行数

试题（65）分析

本题考查对性能评价指标的认识及理解。

在系统性能评价的指标中，系统吞吐率指标是常用指标，主要涉及如下几组：适宜于评价标量计算机的每秒百万次指令（MIPS：Million Instructions Per Second）、适宜于评价向量机性能的每秒百万次浮点运算（MFLOPS：Million Floating-point Operations Per Second）、评价网络信号传输速率的每秒位数（BPS：Bits Per Second）或更大单位的 KBPS 及 MBPS、适宜于描述通信设备吞吐率的每秒数据报文（PPS：Packets Per Second）、适宜于在线事务处理的每秒处理事务数（TPS：Transactions Per Second）。

参考答案

（65）C

试题（66）

系统能力管理从一个动态的角度考察组织业务与系统基础设施之间的关系，这需要考虑三个方面的问题。下列选项中，__(66)__ 不属于这三个方面的内容。

（66）A．IT 系统能力与信息资源开发的范围和深度
　　　B．IT 系统的成本相对于组织的业务需求而言是否合理
　　　C．现有 IT 系统的服务能力能否满足当前及将来的客户需求
　　　D．现有的 IT 系统能力是否发挥了其最佳效能

试题（66）分析

本题考查对信息系统的系统能力管理内容的理解。

信息系统的系统能力管理从一个动态的角度考察组织业务与系统基础设施之间的关系，它要考虑三个方面的问题：IT 系统的成本相对于组织的业务需求而言是否合理；现有 IT 系统的服务能力能否满足当前及将来的客户需求；现有的 IT 系统能力是否发挥了其最佳效能。不涉及系统能力与信息资源开发的范围和深度。

参考答案

（66）A

试题（67）

能力管理是所有 IT 服务绩效和能力问题的核心。能力管理的高级活动项目有三方面内容。下列选项中，__(67)__ 不属于这三方面的内容。

(67) A．需求管理　　　　　　　　　　B．模拟测试
　　　C．绩效和能力的加权评价　　　　D．应用选型

试题（67）分析

本题考查对能力管理中的高级活动项目内容的认识与理解。

能力管理是一个流程，是所有 IT 服务绩效和能力问题的核心。作为能力管理的高级活动项目通常有三方面的内容，即需求管理、模拟测试和应用选型。需求管理的首要目标是影响和调节客户对 IT 资源的需求。它既可能是由于当前的服务能力不足以支持正在运营的服务项目而进行的一种短期的需求调节活动，也可能是组织为限制长期的能力需求而采取的一种 IT 管理策略。模拟测试的目标是分析和测试未来情况发生变更对能力配置规划的影响。在能力管理流程中，它可以帮助能力管理人员在系统资源和系统服务的管理上回答"如果—怎么办"一类的问题，从而增强能力规划的前瞻性和适应性。应用选型作为能力管理的一种活动也是整个应用系统设计开发过程的一个基本部分，进行应用选型的主要目的在于对计划应用系统变更或实施新的应用系统所需的资源进行估计，从而确保系统资源的配置能够满足所需服务级别的要求。这里不存在绩效和能力的加权评价的提法。

参考答案

(67) C

试题（68）

根据信息系统的特点、系统评价的要求与具体评价指标体系的构成原则，可以从三个主要方面对信息系统进行评价。下列选项中，__(68)__ 不属于这三个方面的内容。

(68) A．技术性能评价　　　　　　　　B．管理效益评价
　　　C．经济效益评价　　　　　　　　D．人员效能评价

试题（68）分析

本题考查对信息系统评价内容的理解。

根据信息系统的特点、系统评价的要求与具体评价指标体系的构成原则，可以从三个主要方面对信息系统进行评价，即技术性能评价、管理效益评价及经济效益评价。不涉及具体的人员效能评价。

参考答案

(68) D

试题（69）

信息系统评价中，系统效益评价指的是对系统的经济效益和社会效益等做出评价，可以分为经济效益评价和社会效益评价。经济效益评价又称为直接效益评价。一个企业信息化的收益包括产值增加所获得的利润收益和产品生产成本降低所节约的开支。下列选项中，__(69)__ 不在产品生产成本降低所节约的开支之列。

(69) A．由于系统实施而导致的销售产值的增加

B．采购费用的降低
C．人工费及通信费的减少
D．库存资金的减少

试题（69）分析

本题考查对信息系统评价中的企业信息化收益内容的正确理解。

信息系统评价中，系统效益评价指的是对系统的经济效益和社会效益等做出评价，这可以分为经济效益评价和社会效益评价。经济效益评价又称为直接效益评价，社会效益评价又称为间接效益评价。一个企业信息化的收益包括产值增加所获得的利润收益和产品生产成本降低所节约的开支。而产品生产成本降低所节约的开支包括：采购费用的降低、人工费及通信费的减少、库存资金的减少，以及由于决策水平的提高而避免的损失等。而由于系统实施而导致的销售产值的增加和获得的利润等属于产值增加所获得的利润效益。

参考答案

（69）A

试题（70）

新的计算机系统在投入使用、替换原有的手工系统或旧的计算机系统之前，必须经过一定的转换程序。系统转换的组织是一个较复杂的过程，必须根据详细的系统转换计划进行。系统转换计划中确定转换方法有四种。下列选项中，__(70)__不属于这四种转换方法。

(70) A．直接转换　　B．试点后直接转换　　C．逐步转换　　D．网络式转换

试题（70）分析

本题考查对新系统运行及系统转换所包括的内容的掌握。

新的计算机系统在投入使用、替换原有的手工系统或旧的计算机系统之前，必须经过一定的转换程序。系统转换的组织是一个较复杂的过程，必须根据详细的系统转换计划进行。系统转换计划中的确定转换方法有四种：①直接转换；②试点后直接转换；③逐步转换；④并行转换。

没有网络式转换的提法。

参考答案

（70）D

试题（71）～（75）

Today, it's hard to imagine any industry or business that has not been affected by computer-based information system and computer applications.

Most experts agree on the fundamental difference between data and information. Data are raw facts about the organization and its business transactions. Most data items have little meaning and use by themselves. Information is data that has been __(71)__ and organized by processing and purposeful intelligence. The latter, purposeful intelligence, is crucial to the definition—People provide the purpose and the intelligence that produces true __(72)__. In other words, data are a by-product of doing business. Information is a resource created from the data to serve the management and decision-making needs of business.

Information technology (IT) is a contemporary term that describes the combination of computer technology (hardware and software) with telecommunications technology (data, image, and voice networks). Information technology has created a data and information ___(73)___ in virtually all businesses. The ability of businesses to harness（利用）and manage this data and information has become a critical success factor in most businesses.

An information system is an arrangement of people, data, processes, information presentation, and information technology that interact to support and improve day-to-day operations in a business, as well as support the problem-solving and decision making needs of management and users. Stated simply, information systems ___(74)___ data into useful information. An information system exists with or without a computer. But when information technology is used, it significantly ___(75)___ the power and potential of most information systems.

（71）A. formed　　　　B. cleaned　　　C. refined　　　　D. resigned
（72）A. information　　B. data　　　　 C. intelligence　　D. purpose
（73）A. exposure　　　B. slump　　　　C. exclusion　　　D. explosion
（74）A. modify　　　　B. clean　　　　 C. transform　　　D. transfer
（75）A. influence　　　B. expands　　　C. change　　　　D. develop

参考译文

现如今，人们很难想象哪个行业或企业没有受到计算机信息系统和计算机应用的影响。

大多数专家都认同数据和信息之间的本质差异。数据是关于组织及其业务事务的未经处理的原始事实。大部分数据项自身并没有什么意义和用处。信息是经过一定处理和目的明确的智能提炼和组织所得到的数据，其中，后者（目的明确的智能）对信息的定义很重要——人们提供产生信息的意图和智能。换句话说，数据是业务的副产品。信息是从数据中产生的资源，服务于企业的管理和决策需求。

信息技术是一个现代词汇，描述了计算机技术（硬件和软件）和电信技术（数据、图像和语音网络）的组合。信息技术几乎已经在所有的企业中产生了数据和信息的爆炸，利用和管理这些数据和信息的能力已经成为大部分企业成功的关键因素。

信息系统是人、数据、过程、信息表示和信息技术的组合，它们之间相互作用，支持并改进企业每天的运作，也支持管理人员和用户解决问题和进行决策。简单来说，信息系统将数据转变成有用的信息。信息系统中可以有也可以没有计算机，但当使用信息技术时，它将显著提高大多数信息系统的能力和潜力。

参考答案

（71）C　（72）A　（73）D　（74）C　（75）B

第 8 章　2019 上半年信息系统管理工程师下午试题分析与解答

试题一（共 15 分）

阅读下列说明，回答问题 1 至问题 4，将解答填入答题纸的对应栏内。

【说明】

某电子商务公司拟构建一个高效、低成本、符合公司实际业务发展需求的 OA（Office Automation）系统。张工主要承担了该系统的文档管理和通知管理模块的研发工作。文档管理模块的主要功能包括添加、修改、删除和查看文档。通知管理模块的主要功能是通知群发。

张工通过前期调研和需求分析进行了概念模型设计，具体情况分述如下。

【需求分析结果】

（1）该公司设有财务部、销售部、广告部等多个部门，每个部门只有一名部门经理，有多名员工，每名员工只属于一个部门。部门信息包括：部门号、名称、部门经理和电话，其中部门号唯一确定部门关系的每个元组。

（2）员工信息包括：员工号、姓名、岗位号、部门号、电话、家庭住址。员工号唯一确定员工关系的每个元组；岗位主要有经理、部门经理、管理员等，不同岗位具有不同的权限。一名员工只对应一个岗位，但一个岗位可对应多名员工。

（3）通知信息包括：编号、内容、通知类型、接收人、接收时间、发送时间和发送人。其中（编号，接收人）唯一标识通知关系中的每个元组。一条通知可以发送给多个接收人，一个接收人可以接收多条通知。

（4）文档信息包括：编号、文档名、标题、内容、发布部门、发布时间。其中编号唯一确定文档关系的每个元组。一份文档对应一个发布部门，但一个部门可以发布多份文档；一份文档可以被多名员工阅读，一名员工可以阅读多份文档。另外，公司为了掌握员工对文档的阅读及执行情况，还要求记录每名员工对同一篇文档分别在哪些时间阅读过。

【概念模型设计】

根据需求分析阶段收集的信息，设计的实体联系图（不完整）如图 1-1 所示。

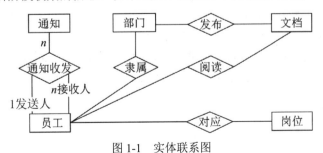

图 1-1　实体联系图

【逻辑结构设计】

根据概念模型设计阶段完成的实体联系图，得出如下关系模式（不完整）。

部门（部门号，名称，部门经理，电话）

员工（员工号，姓名，岗位号，__(a)__，电话）

岗位（岗位号，岗位名称，权限）

通知（编号，__(b)__，通知类型，接收时间，__(c)__，发送时间，发送人）

文档（编号，文档名，标题，内容，发布部门，发布时间）

阅读文档（文档编号，__(d)__，阅读时间）

【问题1】（4分）

根据题意，将关系模式中的空（a）～（d）的属性补充完整，并填入答题纸对应的位置上。

【问题2】（4分）

根据需求分析，可以得出图1-1所示的实体联系图中联系的类型。请按以下描述确定联系类型并填入答题纸对应的位置上。

部门与员工之间的"隶属"联系类型为__(e)__；

部门与文档之间的"发布"联系类型为__(f)__；

员工与文档之间的"阅读"联系类型为__(g)__；

员工与岗位之间的"对应"联系类型为__(h)__。

【问题3】（5分）

（1）员工关系的主键为__(i)__，员工关系的外键为__(j)__、__(k)__。

（2）员工关系的外键(j)应参照__(l)__，外键(k)应参照__(m)__。

【问题4】（2分）

阅读文档的主键为（文档号、员工号）的说法正确吗？为什么？

试题一分析

本题考查数据库概念结构设计及概念结构向逻辑结构转换的过程。

【问题1】

根据【需求分析】(2)员工信息包括：员工号、姓名、岗位号、部门号、电话、家庭住址，所以空（a）应填写"家庭住址"。

根据【需求分析】(3)通知信息包括：编号、内容、通知类型、接收人、接收时间、发送时间和发送人，所以空（b）应填写"内容"，空（c）应填写"接收人"。

根据【需求分析】中的E-R图中的"阅读"联系可见，该联系两端的实体集为员工和文档。根据题意"一份文档可以被多名员工阅读，一名员工可以阅读多份文档"可知该联系是一个多对多联系；又因为多对多联系应建立一个独立的关系模式，该模式由两端的码加上联系的属性构成。由于两端的码分别为文档编号和员工号，联系的属性为阅读时间，所以空（d）应填写"员工号"。

【问题2】

根据【需求分析】(1)中所述"每个部门只有一名部门经理，有多名员工，每名员工只属于一个部门",故部门与员工之间的"隶属"联系类型为1:*(一对多)。

根据【需求分析】(4)中所述"一份文档对应一个发布部门,但一个部门可以发布多份文档",故部门与文档之间的"发布"联系类型为1:*(一对多)。

根据【需求分析】(4)中所述"一份文档可以被多名员工阅读,一名员工可以阅读多份文档",故员工与文档之间的"阅读"联系类型为*:*(多对多)。

根据【需求分析】(2)中所述"一名员工只对应一个岗位,但一个岗位可对应多名员工",故员工与岗位之间的"对应"联系类型为*:1(多对一)。

根据上述分析,完善图1-1所示的实体联系图后如图1-2所示。

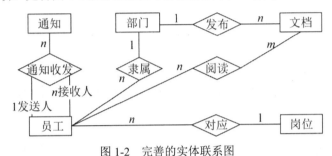

图1-2 完善的实体联系图

【问题3】

根据题干(2)中所述"员工号唯一确定员工关系的每个元组",故员工关系的主键为员工号。员工关系的外键为岗位号、部门号,为了保证数据的正确性,员工关系的岗位号必须参照岗位关系的岗位号,员工关系的部门号必须参照员工关系的部门号。例如,公司的岗位号={00,02,03,04,…,10},如果在数据库设计时定义了参照完整性,就能保证录入员工的部门号和岗位号信息时的正确性。

【问题4】

不正确。例如员工阅读文档情况如表1-1所示。

表1-1 阅读情况

文档号	员工号	时间
001	12001	2019年2月11日10点35分
001	13003	2019年2月11日11点28分
001	13003	2019年2月11日14点23分
002	12001	2019年2月11日16点10分
002	12001	2019年2月12日08点10分
……	……	……

从表1-1可以看出,用文档号/员工号/(文档号,员工号)都不能唯一标识阅读关系的每个元组,只有全码才能唯一标识阅读关系的每个元组,即文档阅读关系的主键为(文档号,员工号,时间)。

参考答案

【问题1】

(a) 家庭住址；

(b) 内容；

(c) 接收人或员工号；

(d) 员工号。

注：(b)、(c) 答案可互换。

【问题2】

(e) 1∶*

(f) 1∶*

(g) *∶*

(h) *∶1

注：1∶1 对应一对一、1∶*对应一对多、*∶1 对应多对一、*∶*对应多对多。

【问题3】

(1)(i) 员工号；

(j) 岗位号；

(k) 部门号。

注：(j)、(k) 可互换。

(2)(l) 岗位关系的岗位号；

(m) 部门关系的部门号。

【问题4】

不正确。根据题意"公司还要求记录每个员工对同一篇文档分别在哪些时间阅读过"，所以全码才能唯一标识阅读关系的每个元组，即文档阅读关系的主键为（文档号，员工号，时间）。

试题二（共 15 分）

阅读以下说明，回答问题1至问题3，将解答填入答题纸的对应栏内。

【说明】

某公司拟开发手机邮件管理软件。经过公司研发部商议将该款软件的开发工作交给项目组蒋工负责。

【需求分析】

经过调研，手机邮件管理软件由邮箱登录、邮件管理、通讯簿管理及账户管理四个部分组成。其中，邮箱登录要求实现用户的登录与注册；邮件管理要求实现创建、收发及删除邮件等管理；通信簿管理要求实现分组和联系人的管理；账户管理要求实现个人信息的管理和密码修改。

根据需求分析的结果，蒋工将手机邮件管理软件功能列表如表2-1所示。

表 2-1 功能列表

序号	功能	序号	功能
1	登录	9	创建邮件
2	添加联系人	10	注册
3	添加组	11	发送邮件
4	转发邮件	12	删除邮件
5	回复邮件	13	删除联系人
6	更新联系人	14	删除组
7	更新组资料	15	个人信息管理
8	接收邮件	16	密码修改

【问题 1】（8 分）

根据需求分析的结果，请将表 2-1 中序号为 1~16 的功能模块分别归入邮箱登录、邮件管理、通信簿管理及账户管理中，并填入答题纸对应的位置上。

（1）邮箱登录包含的功能：_____。

（2）邮件管理包含的功能：_____。

（3）通信簿管理包含的功能：_____。

（4）账户管理包含的功能：_____。

【问题 2】（3 分）

用户添加联系人需求：输入添加联系人的相关信息及邮箱号；检查输入的格式是否正确；若正确，则验证结束；若用输入格式不正确，则显示格式错误信息，然后判断修改次数是否小于 5 次，是则继续，否则显示添加联系人失败信息，并退出。

根据以上用户添加联系人的相关需求，蒋工设计的添加联系人流程（不完整）如图 2-1 所示。

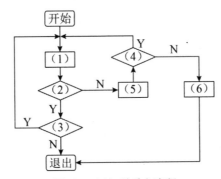

图 2-1 添加联系人流程

请在如下备选答案 A~F 中，选择最合适的一项填入图 2-1 中的空（1）~（6）处。注：每个选项只能选 1 次。

备选答案：

A．继续添加？ B．显示添加联系人失败

C. 修改次数<5? D. 显示输入格式错误
E. 格式正确? F. 输入联系人信息和邮箱号

【问题3】（4分）

蒋工要求项目组成员使用测试用例对所写的程序模块进行测试，并且对测试用例也要求逐步完善和修订。

你认为蒋工的上述要求是否正确？为什么？

试题二分析

【问题1】

手机邮件管理软件可由邮箱登录、邮件管理、通信簿管理及账户管理四个部分组成。各部分根据题意分析如下：

（1）邮箱登录要求实现用户的登录、注册，显然其功能包括：序号1（登录）、序号10（注册）。

（2）邮件管理要求实现创建、收发及删除邮件等管理工作，显然其功能包括：序号4（转发邮件）、序号5（回复邮件）、序号8（接收邮件）、序号9（创建邮件）、序号11（发送邮件）、序号12（删除邮件）。

（3）通信簿管理要求实现分组和联系人的管理工作，显然其功能包括：序号2（添加联系人）、序号3（添加组）、序号6（更新联系人）、序号7（更新组）、序号13（删除联系人）、序号14（删除组）。

（4）账户管理要求实现个人信息的管理和密码修改工作，显然其功能包括：序号15（个人信息管理）、序号16（密码修改）。

【问题2】

根据用户添加联系人的相关需求，完整的添加联系人流程如图2-2所示。

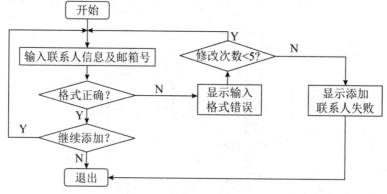

图2-2 完善的添加联系人流程

【问题3】

蒋工提出的"测试所编写的程序模块，包括相关文档和数据的测试"的要求是正确的。根据软件的定义，软件包括程序、数据和文档，所以软件测试并不仅仅是程序测试，还应包括相应文档和数据的测试。

蒋工提出的"测试用例需要逐步完善、不断修订"的要求是正确的。在软件测试原则中，当设计测试用例时，应该考虑合法的输入和不合法的输入，以及各种边界条件；测试用例本身也应该经过测试；设计好测试用例后还需要逐步完善和修订。

参考答案

【问题 1】（8 分）

（1）登录，注册或 1、10；

（2）转发邮件、回复邮件、接收邮件、创建邮件、发送邮件、删除邮件或 4、5、8、9、11、12；

（3）添加联系人、添加组、更新联系人、更新组资料、删除联系人、删除组或 2、3、6、7、13、14；

（4）个人信息的管理、密码修改和或 15、16。

【问题 2】

（1）F 或输入联系人信息和邮箱号

（2）E 或格式正确？

（3）A 或继续添加？

（4）C 或修改次数<5？

（5）D 或显示输入格式错误

（6）B 或显示添加联系人失败

【问题 3】

正确。因为软件测试除了程序测试，还包括相应文档和数据的测试。在软件测试原则中，设计好的测试用例同样也需要逐步完善和修订。

试题三（共 15 分）

阅读以下说明，回答问题 1 至问题 3，将解答填入答题纸的对应栏内。

【说明】

某企业在 IT 管理上面临以下四个方面的实际问题：

1. 企业 IT 用户分属不同的部门，应用软件种类多，并且都需要去现场维护，维护工作量大、效率低。

2. 该企业有 200 个用户终端，每年所消耗的电能较大，且没有很好的节能减排措施。

3. 该企业的 ERP、MES、PLM、OA、CRM 等信息系统分别配置单独的服务器，不利于统一管理。

4. 存在用户使用 U 盘与访问公网的情况，可能会带来数据泄密、网络攻击等信息安全风险。

该企业 IT 部门为了解决企业面临的上述问题，提出了虚拟化解决方案，请结合虚拟化技术的相关知识回答下列问题。

【问题 1】（6 分）

该企业虚拟化建设平台拟完成光纤交换机、虚拟化存储、瘦客户机、显卡、服务器虚拟化软件、千兆交换机和服务器等优化配置，其配置清单如表 3-1 所示，辨识下列产品并将表中的（1）～（6）补充完整。

表 3-1　虚拟化平台的配置清单

序号	名称	品牌	型号/指标	数量
1	（1）	联想	X3650M5	6
2	（2）	Nvidia	K2	4
3	（3）	Brocade	300	2
4	（4）	联想	Storwize V3700	2
5	桌面虚拟化软件	VMware	200 用户数并发许可	1
6	瘦客户机	清华同方	VD7000	200
7	（5）	H3C	S5560-30C-EI	2
8	（6）	VMware	支持 12 颗 CPU	1
9	备份一体机	QNAP	QNAP NAS TS-1263U-RP	1

备选答案：（每个选项只能选 1 次）

　　A．光纤交换机　　　　B．虚拟化存储　　　　C．显卡
　　D．服务器虚拟化软件　E．千兆交换机　　　　F．服务器

【问题 2】（4 分）

（1）从平台中的软件配置来看，如何配置用户软件。

（2）该平台中配置设备 Nvidia K2 的目的。

【问题 3】（5 分）

该平台建设完成之后，你认为哪些性能指标得到完善。

试题三分析

　　本题考查桌面虚拟化的基础知识，包括项目方案的内容识别、桌面虚拟化软件的基本配置以及项目实施后的评价等方面的内容。本题要求考生了解虚拟化技术的基本理论知识，具有一定的信息系统管理和实践经验。

　　桌面虚拟化是指将计算机的终端系统（也称作桌面）进行虚拟化，以达到桌面使用的安全性和灵活性，用户可以通过网络便捷地访问属于用户个人的桌面系统。本题中用户通过瘦客户机调用存储在服务器中的用户桌面实现对资源的安全与高效管理。

【问题 1】

　　在题中已经给出了虚拟化平台配置清单的情况下，考生需要识别的是清单给出的设备或者软件的名称、作用以及具体的配置数量。

　　清单中列出了常用的服务器、交换机及虚拟化软件的品牌、型号/指标、数量，考生应依据 IT 硬件基本理论与实践经验在备选答案中选出对应的设备名称。

【问题 2】

　　VMware 虚拟化桌面的配置一般包括创建云桌面实例、配置虚拟桌面、将虚拟桌面与用户关联、安装 View Client 程序、使用虚拟桌面等内容。从题目的要求看，配置用户软件主要通过云桌面实例（用户镜像/模板机）来进行。

Nvidia K2 是一款针对虚拟化桌面应用的显卡，采用该显卡可以提升虚拟桌面的图形处理能力。

【问题 3】

系统评价通常是对系统的技术性能以及经济效益等方面的评价，其目的是检查系统是否达到预期目标，技术指标是否达到设计要求。

本题中的系统评价要求考生回答项目实施后的改进和优化，因此评价的内容要有针对性。考生应结合虚拟化桌面实施，回答在企业 IT 管理中解决了哪些存在的问题。

参考答案

【问题 1】

（1）F

（2）C

（3）A

（4）B

（5）E

（6）D

【问题 2】

（1）创建云桌面实例或创建用户镜像或创建模板机；

（2）为虚拟化桌面提供高效的图形处理能力。

【问题 3】

（1）软硬件平台的可用性；

（2）数据安全性；

（3）可扩展性；

（4）集约化管理；

（5）节能。

试题四（共 15 分）

阅读以下说明，回答问题 1 至问题 3，将解答填入答题纸的对应栏内。

【说明】

某日，数据机房管理员记录了三项与 IT 系统安全相关的工作日志，内容分别是：

1. 管理员更换了数据机房服务器 A 的某块损坏的硬盘后，数据自动从该服务器其他硬盘恢复。

2. 管理员发现数据机房设备供电来自 UPS 系统，并了解到机房恢复正常供电（市电）在短时间内不能确定。通过电话告知相关业务系统主管后关闭了服务器。

3. 用户李某反映自己误操作删除了服务器 B 中的某个重要文件，要求管理员恢复。管理员从备份服务器进行了恢复并将该事项记录为意外失误。

请从 IT 系统安全管理的角度对日志内容进行分析，并回答下列问题。

【问题 1】（4 分）

本案例中服务器硬盘数据恢复采用的是 (1) 技术,该项技术中安全性最高级别是 (2) 。

(1) A. RAID   B. ACID
    C. RollBack   D. Undo
(2) A. Read committed   B. RAID5
    C. Serializable   D. RAID1

【问题 2】（7 分）
（1）机房供电（市电）中断后，管理员的操作是否恰当？其依据是什么。
（2）UPS 系统属于环境安全的范畴，说出还有哪些与环境安全相关的保障机制。

【问题 3】（4 分）
你认为能否通过设置访问控制来避免用户误操作删除文件这样的安全事件发生，并简要说明理由。

试题四分析

本题考查系统维护的相关知识。

此类题目要求考生了解软硬件系统维护的基本理论、维护程序基础知识，并能将基本理论与维护工作的实际情况结合，熟练运用。

【问题 1】

独立磁盘冗余阵列（Redundant Array of Independent Disks，RAID）是把相同的数据存储在多个硬盘的不同地方的方法。通过把数据放在多个硬盘上，输入输出操作能以平衡的方式交叠，改良性能。因为多个硬盘增加了平均故障间隔时间（MTBF），储存冗余数据也增加了容错。

RAID 1 称为磁盘镜像，原理是把一个磁盘的数据镜像到另一个磁盘上，数据在写入一块磁盘的同时，会在另一块闲置的磁盘上生成镜像文件，在不影响性能的前提下最大限度保证系统的可靠性和可修复性。RAID5（分布式奇偶校验的独立磁盘结构）的奇偶校验码存在于所有磁盘上，具有一定的可靠性。

【问题 2】

UPS 供电只能用于短时间临时性的供电需要，不能对系统进行长时间的供电。UPS 作用于外部供电出现故障时，管理员有时间进行业务系统的关闭，避免系统或数据因突然停电而损坏。

在 IT 管理中与环境安全相关的保障机制还应包括防静电，防火及火灾报警，温、湿度控制，电磁防护等内容。

【问题 3】

在介质的安全管理中，即便是将操作规程书面化，意外事故也是难以避免的。通常这方面的意外事故包括操作失误（比如，偶然删除文件、格式化硬盘、线路拆除等）和意外疏漏（比如，系统掉电、"死机"等系统崩溃）。这种情况一般采用突发事件的应急计划来指导工作，争取使意外事件造成的损失减到最低，并在最短时间内解决问题，使业务恢复正常。

访问控制的主要目的是防止非授权用户访问受保护的资源，用户因操作失误造成数据删除不是访问控制可以避免的问题。

参考答案
【问题1】
（1）A（2）D
【问题2】
（1）恰当。UPS系统只能保证有限的延时供电，不能作为正常供电来使用，所以为了保护数据，应该采用必要的保护措施关闭服务器。
（2）防火系统、温度控制系统、湿度控制系统、防静电地板、隐蔽线路敷设、电磁防护等。
【问题3】
不能。
访问控制指的是对非授权的访问与存取；偶然删除属于意外事故，可通过突然事件处置流程处置。

试题五（共15分）
阅读以下说明，回答问题1至问题3，将解答填入答题纸的对应栏内。
【说明】
某系统转换包括前期调研、数据整理、数据转换、系统转换、运行监控五个阶段。系统转换的整个工作流程如图5-1所示。

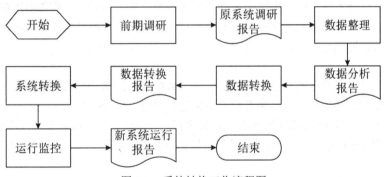

图5-1 系统转换工作流程图

系统转换的主要任务包括：数据资源整合、新旧系统转换、新系统运行过程监控。说明如下：

1. 数据资源整合是整个系统转换的关键，包括整理数据与数据转换两个步骤。其中，数据整理是将原系统中的数据整理为系统转换程序能够识别的数据；数据转换就是将整理完成的数据按照一定的转换规则转换成新系统要求的数据格式。

整理数据分为两个步骤：第一，将不同类型来源的数据采集备份到统一的数据库中；第二，将原始数据进行整理，按照要求进入不同的中间数据库，为数据转换提供中间数据。

2. 新旧系统转换就是在数据正确的基础上，制订一个切实可行的计划，保证业务办理顺利、平稳过渡到新系统中。

3. 新系统运行监控就是在新系统正常运转后，还需要监控整个新系统运行的有效性和正确性，以便及时对数据转换过程中出现的问题进行纠正。

请结合 IT 系统转换的相关知识对系统转换工作流程进行分析并回答下列问题。

【问题 1】（6 分）

（1）请简要说明撰写原系统调研报告目的。

（2）原系统调研报告主要应包括哪些内容。

【问题 2】（5 分）

（1）简要说明数据转换的步骤。

（2）进行转换工作时对数据的处理需要注意什么问题。

【问题 3】（4 分）

通常情况下，新旧系统转换应该包括哪些内容。

试题五分析

本题考查信息系统转换的相关知识。

系统转换也被称为系统切换与运行，包括系统交付前的准备工作、系统转换的方法和步骤等内容。系统转换的任务就是保证新旧系统平稳可靠地交接，最终使新系统正式交付使用的过程。

【问题 1】

在进行前期调研时，要了解单位现有软、硬件和所有工作人员的技术水平以及对旧系统的熟悉情况，结合本单位的实际情况来制订系统转换计划，为后续工作做好准备。

原系统的调研报告包括原系统的运行环境、数据存储、数据结构、业务流程与转换相关的技术参数与指标体系等内容。

【问题 2】

数据转换的步骤包括数据转换测试、旧系统数据导入测试和检查测试系统三个部分。其中检查测试系统是通过程序对转换前后的结果进行比较，来确保数据转换的正确。

通常情况下，数据转换过程中要注意数据逻辑的一致性、新旧系统数据的同步。在数据转换过程中，平稳安全过渡是第一位的，要做好原始数据的备份工作，保证历史数据的可追溯性。

【问题 3】

系统转换的组织是一个较为复杂的过程，必须根据详细的系统转换计划进行，具体包括以下五个方面：

（1）在系统转换之前，确定要转换的项目，并充分了解转换该项目需要注意的事项。做好转换的准备，建立相关的系统运行、内部支持和业务权限划分等系统管理制度。

（2）起草作业运行规则，确定系统转换时，先以原有系统作为正式系统，新系统作为校对；在转换后以新系统作为正式系统，原系统作为校对。

（3）确定转换方法，在直接转换、试点后转换、逐步转换或者并行转换中确定一种转换方法。

（4）转换工具和转换过程，转换工具可以使系统转换工作更有效率，转换过程描述执行系统转换所用的软件过程、设置运行环境的过程、检查结果执行的过程等内容。

（5）转换工作计划，包括转换工作执行计划、风险计划、人员计划等内容。其中工作执行计划规定在一定时间内需要完成的每项工作；风险计划是指为了保证转换工作顺利，要对转换中可能存在的风险进行管理和防范；人员计划就是对人员的组织、配备、培训管理统筹考虑，协调统一。

参考答案

【问题 1】

（1）原系统调研报告是对原系统的全面了解，为后续的数据转换提供依据。

（2）原系统的网络结构、业务范围、开发平台及采用的数据库、数据分布状况、数据结构、业务流程、数据流程等内容。

【问题 2】

（1）数据转换测试；

旧系统数据导入测试；

检查测试系统。

（2）转换过程中数据逻辑的一致性；

新旧系统数据的同步；

做好数据的备份；

注：答出其中两点即可。

【问题 3】

确定转换项目；

起草运行规则和确定转换方法；

确定转换工具和转换过程；

转换工作计划，包括执行计划、风险管理、人员计划等。

第9章 2020下半年信息系统管理工程师 上午试题分析与解答

试题（1）

以下关于 CISC（复杂指令集计算机）和 RISC（精简指令集计算机）架构的叙述中，正确的是__(1)__。

①CISC 尽量用最少的指令完成计算任务
②CISC 对 CPU 结构和工艺复杂性要求更高
③RISC 更适合采用微程序指令实现
④RISC 采用单核结构，CISC 采用多核结构

(1) A．①②　　　　　B．③④　　　　　C．①②③　　　　　D．②③④

试题（1）分析

本题考查计算机系统基础知识。

CISC（复杂指令集计算机）和 RISC（精简指令集计算机）是 CPU 的两种架构，其区别在于不同的 CPU 设计理念和方法。

一般来说，CISC 架构 CPU 的指令数量多（有专用指令来完成特定的功能，处理特殊任务效率较高），指令长度变化多，需要支持多种寻址方式，主要采用微程序控制技术（微码）实现，包含丰富的电路单元，具有功能强、面积大、功耗大等特点。

RISC 设计者把主要精力放在那些经常使用的指令上，尽量使它们具有简单高效的特色。对不常用的功能，常通过组合指令来完成。因此，RISC 架构 CPU 的指令数量少，指令常采用定长格式（大部分为单周期指令），采用较少的寻址方式，对存储器操作有限制，使控制简单化，以硬布线逻辑控制为主、适合采用流水线，通常包含较少的单元电路，因而面积小、功耗低。

参考答案

(1) A

试题（2）

对于以下种类的计算机，__(2)__更关注吞吐量、可用性、可扩展性和能耗等性能。

(2) A．台式机　　　　B．服务器　　　　C．嵌入式计算机　　　　D．个人智能终端

试题（2）分析

本题考查计算机系统基础知识。

台式机（或桌面机）主要包括相对独立的部件如主机、显示器、键盘、鼠标等，一般需要放置在电脑桌或专门的工作台上，供个人用户使用。

服务器通常需要每周 7 天、每天 24 小时不间断工作；服务器系统经常需要扩展，以满

足其所支持服务或功能的增长需求；尽管对单个请求的响应速度依然重要，但由单位时间内能够处理的请求数所决定的总体效率和成本效益才是对大多数服务器的关键度量。因此对服务器强调的特征有可用性、可扩展性及高的吞吐能力等。

嵌入式计算机在日用电器中随处可见，其处理能力和差别很大，这类计算机的主要目标是以最低价格满足性能需要。

参考答案

（2）B

试题（3）

计算机中的 CPU 主要由运算单元、控制单元、寄存器组和时序电路等组成，其中对程序指令进行译码的是__(3)__。

（3）A．运算单元　　　B．控制单元　　　C．寄存器组　　　D．时序电路

试题（3）分析

本题考查计算机系统基础知识。

CPU 中的运算单元是对数据进行加工处理的部件，主要完成算术和逻辑运算。控制单元的主要功能则是从主存中取出指令并进行分析，协调计算机的各个部件有条不紊地完成指令的功能。寄存器也是 CPU 中的一个重要组成部分，寄存器既可以用来存放数据和地址，也可以存放控制信息或 CPU 工作时的状态。时序电路用于产生时序脉冲和节拍电位以控制计算机各部件有序地工作。

参考答案

（3）B

试题（4）

MIPS 是用来衡量计算机系统__(4)__的指标。

（4）A．存储容量　　　B．处理效率　　　C．运算速度　　　D．时钟频率

试题（4）分析

本题考查计算机系统基础知识。

MIPS（Million Instructions Per Second）表示单字长定点指令平均执行速度，即每秒处理的百万级的机器语言指令数，是衡量 CPU 速度的一个指标。

参考答案

（4）C

试题（5）

在寄存器、高速缓存、内存储器、外存储器等存储器件中，__(5)__。

（5）A．外存储器容量最小速度最快　　　B．高速缓存容量最小速度最快
　　　C．内存储器容量最小速度最快　　　D．寄存器容量最小速度最快

试题（5）分析

本题考查计算机系统基础知识。

计算机存储器层次结构如下图所示。图中：顶层是 CPU 中的寄存器，其访问速度最快；第二层是高速缓冲存储器 Cache，与 CPU 工作速度接近；第三层是主存储器，也称为内部存

储器或者 RAM（Random Access Memory）；第四层是磁盘。存储器体系最后一层是光盘、磁带等。在存储器层次结构中，越靠近上层，速度越快，容量越小，单位存储容量价格越高。

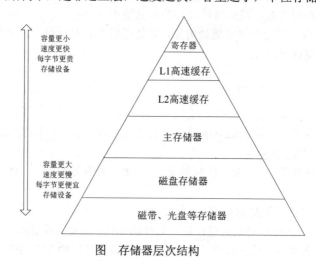

图　存储器层次结构

参考答案

（5）D

试题（6）

栈是计算机系统中常用的数据结构，在入栈/出栈的过程中，__(6)__ 保持不变。

（6）A．栈顶指针　　　　B．栈底指针　　　　C．栈顶的数据　　　　D．栈底的数据

试题（6）分析

本题考查数据结构基础知识。

栈是只能通过访问它的一端来实现数据存储和检索的一种线性数据结构。换句话说，栈的修改是按先进后出的原则进行的。因此，栈又称为先进后出（FILO，或后进先出）的线性表。在栈中，进行插入和删除操作的一端称为栈顶（top），相应地，另一端称为栈底（bottom）。栈顶指针随着入栈和出栈操作频繁变化，因此相应的栈顶数据也在变化，当栈中只有 1 个元素时，该元素同时也是栈底的数据，会随着出栈操作而变化。在对栈进行运算的过程中，栈底指针是不变的。

参考答案

（6）B

试题（7）

在计算机程序中，一个函数（或子程序）直接或间接地调用自身称为__(7)__。

（7）A．迭代　　　　B．循环　　　　C．递归　　　　D．调试

试题（7）分析

本题考查程序设计基础知识。

在程序中，递归是指一个过程或函数在其定义或说明中又直接或间接调用自身的一种方式。通过递归将一个大型复杂的问题层层转化为一个与原问题相似而规模更小的问题来求

解,从而用少量的代码来描述出解题过程所需要的多次重复计算。递归的能力在于用有限的语句来定义对象的无限集合。一般来说,递归需要有边界条件、递归前进段和递归返回段。当边界条件不满足时,递归前进;当边界条件满足时,递归返回。

参考答案

(7) C

试题(8)

编译和解释是实现编程语言的两种基本方式,以下编程语言中只有__(8)__是典型的编译型语言。

(8) A. Java   B. C/C++   C. Python   D. SQL

试题(8)分析

本题考查程序设计语言基础知识。

用某种高级语言或汇编语言编写的程序称为源程序,源程序不能直接在计算机上执行。如果源程序是用汇编语言编写的,则需要一个称为汇编程序的翻译程序将其翻译成目标程序后才能执行。如果源程序是用某种高级语言编写的,则需要对应的解释程序或编译程序对其进行翻译,然后在机器上运行。

解释程序也称为解释器,它可以直接解释执行源程序,或者将源程序翻译成某种中间表示后再执行;而编译程序(编译器)是首先将源程序翻译成目标语言程序,将目标程序与其他代码库的函数链接后形成可执行程序,然后在计算机上运行可执行程序。

C/C++是典型的编译型程序设计语言,Java 编译器将 Java 源程序翻译为字节码再由 Java 虚拟机执行,Python 是用解释方式实现的通用程序设计语言,SQL 是结构化查询语言的简称,用于操纵关系型数据库中的数据。

参考答案

(8) B

试题(9)

除机器语言之外,最底层的编程语言是__(9)__。

(9) A. 汇编语言   B. C/C++   C. 脚本语言   D. Python

试题(9)分析

本题考查程序设计语言基础知识。

计算机硬件只能识别由 0、1 字符序列组成的机器指令,因此机器指令是最基本的计算机语言。用机器语言编制程序效率低、可读性差,也难以理解、修改和维护。因此,人们设计了汇编语言,用容易记忆的符号代替 0、1 序列,来表示机器指令中的操作码和操作数。

参考答案

(9) A

试题(10)

以下关于数据结构的叙述中,错误的是__(10)__。

(10) A. 数据结构是计算机存储、组织数据的方式
     B. 数据结构是指相互之间存在一种或多种特定关系的数据元素的集合

C. 栈是后进先出的线性数据结构，队列是先进先出的线性数据结构
D. 栈是先进先出的数据结构，队列是后进先出的数据结构

试题（10）分析

本题考查数据结构基础知识。

栈是后进先出的线性数据结构，队列是先进先出的线性数据结构。因此，选项 D 是错误的。

参考答案

（10）D

试题（11）

树是一种数据结构，它是由 n（$n≥0$）个有限结点组成一个具有层次关系的集合。下面叙述中，__(11)__ 不符合树的特点。

（11）A. 对于非空树，有且仅有一个根结点
B. 除了根结点，树中每个结点有唯一的父结点
C. 树中的每个结点至少要有一个孩子结点
D. 树中的每个结点可以有 0 个或多个孩子结点

试题（11）分析

本题考查数据结构基础知识。

树是 n（$n≥0$）个结点的有限集合。当 $n=0$ 时称为空树。在任一非空树（$n>0$）中，有且仅有一个称为根的结点；其余结点可分为 m（$m≥0$）个互不相交的有限集 $T_1, T_2, \cdots, T_m$，其中每个有限集又都是一棵树，并且称为根结点的子树。

树的定义是递归的，它表明了树本身的固有特性，也就是一棵树由若干棵子树构成，而子树又由更小的子树构成，没有子树的结点称为终端（或叶子）结点。该定义只给出了树的组成特点，若从数据结构的逻辑关系角度来看，树中元素之间有明确的层次关系。对树中的某个结点，它最多只与上一层的一个结点（即其双亲结点）有直接关系，而与其下一层的多个结点（即其子树结点）有直接关系，如下图所示。通常，凡是分等级的分类方案都可以用具有严格层次关系的树结构来描述。

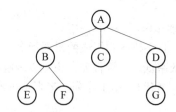

选项 C 所述"树中的每个结点至少要有一个孩子结点"是错误的。

参考答案

（11）C

试题（12）

Windows 操作系统通常将系统文件保存在 __(12)__ 。

(12) A. "MyDrivers" 文件或 "update" 文件中
　　 B. "MyDrivers" 文件夹或 "update" 文件夹中
　　 C. "Windows" 文件或 "Program Files" 文件中
　　 D. "Windows" 文件夹或 "Program Files" 文件夹中

试题（12）分析

本题考查 Windows 操作系统方面的基础知识。

系统文件是计算机上运行 Windows 所必需的任意文件。系统文件通常位于 "Windows" 文件夹或 "Program Files" 文件夹中。默认情况下，系统文件是隐藏的。最好让系统文件保持隐藏状态，以避免将其意外修改或删除。

参考答案

（12）D

试题（13）

某分页存储管理系统中的地址结构如下图所示。若系统以字节编址，则该系统的页面个数和页面大小分别为__（13）__。

31	2019	0
页号	页内地址	

(13) A. 1024 和 1 MB　　　　　　B. 4096 和 1 MB
　　 C. 1024 和 2 MB　　　　　　D. 4096 和 2 MB

试题（13）分析

本题考查操作系统分页存储管理系统基础知识。

根据题意，页号的地址长度为二进制 12 位，$2^{12}=4096$，所以该系统共有 4096 个页面。页内地址的长度为 20 位，$2^{20}=2^{10}\times 2^{10}=1024\times 1024=1024\,\text{KB}=1\,\text{MB}$，所以该系统页的大小为 1 MB。

参考答案

（13）B

试题（14）

嵌入式操作系统的特点包括微型化、可定制、实时性、可靠性和易移植性。其中，实时性指的是__（14）__。

(14) A. 系统构件、模块和体系结构必须达到应有的可靠性
　　 B. 对过程控制、数据采集、传输通信等需要迅速响应
　　 C. 在不同的微处理器平台上，能针对硬件变化进行结构与功能上的配置
　　 D. 采用硬件抽象层和板级支撑包（Board Support Package）的底层设计技术

试题（14）分析

本题考查嵌入式操作系统的基本概念。

嵌入式操作系统的主要特点包括微型化、可定制、实时性、可靠性和易移植性。其中，实时性是指对过程控制、数据采集、传输通信等需要迅速响应。

参考答案

(14) B

试题 (15)

某企业信息系统采用分布式数据库系统,"当某一场地故障时,系统可以使用其他场地上的复本而不至于使整个系统瘫痪"称为分布式数据库的__(15)__。

(15) A. 共享性　　　　　B. 自治性　　　　　C. 可用性　　　　　D. 分布性

试题 (15) 分析

本题考查对分布式数据库基本概念的理解。

在分布式数据库系统中,共享性是指数据存储在不同结点中,可以实现全局共享和局部共享;自治性指每结点对本地数据都能独立管理;可用性是指当某一场地故障时,系统可以使用其他场地上的复本而不至于使整个系统瘫痪;分布性是指数据在不同场地上的存储。

参考答案

(15) C

试题 (16)

数据库中数据的__(16)__是指数据库正确性和相容性,是为了防止合法用户使用数据库时向数据库加入不符合语义的数据。

(16) A. 完整性　　　　　B. 安全性　　　　　C. 可靠性　　　　　D. 并发控制

试题 (16) 分析

本题考查数据库系统基本概念。

完整性(integrality)是指数据库正确性和相容性,是防止合法用户使用数据库时向数据库加入不符合语义的数据。保证数据库中数据是正确的,避免非法的更新。

参考答案

(16) A

试题 (17)

设计关系模式时,派生属性不会作为关系中的属性来存储。教师(教师号,姓名,性别,出生日期,年龄)关系中,派生属性是__(17)__。

(17) A. 姓名　　　　　B. 性别　　　　　C. 出生日期　　　　　D. 年龄

试题 (17) 分析

本题考查对数据库系统概念设计的理解。

在概念设计中,需要概括企业应用中的实体及其联系,确定实体和联系的属性。派生属性是指可以由其他属性进行计算来获得的属性,如年龄可以由出生日期、系统当前时间计算获得,是派生属性。在系统中存储派生属性,会引起数据冗余,增加额外存储和维护负担,也可能产生数据的不一致性。

参考答案

(17) D

试题 (18)

假设关系 $R<U,F>$,$U=\{A,B,C,D\}$,$F=\{AC\rightarrow B, AB\rightarrow C, B\rightarrow D\}$,那么在关系 R

中__(18)__。

(18) A. 有 1 个候选关键字 BC B. 有 1 个候选关键字 BD
     C. 有 2 个候选关键字 AB 和 BC D. 有 2 个候选关键字 AB 和 AC

试题（18）分析

本题考查关系数据库中候选关键字方面的基本知识。

在关系数据库中，候选关键字可以决定全属性。由于属性 A 只出现在函数依赖的左部，所以必为候选关键字的成员。本题 $(AB)_F^+ = U$，$(AC)_F^+ = U$，所以 AB 和 AC 均为候选关键字，并含有属性 A。而 $(BC)_F^+ \neq U$，$(BD)_F^+ \neq U$，故 BC、BD 不是候选关键字。

参考答案

(18) D

试题（19）、（20）

关系 R、S 如下表所示，R ⋈ S 的结果集有__(19)__个元组，R、S 的左外联接、右外联接的元组个数分别为__(20)__。

R				S		
A1	A2	A3		A1	A2	A4
1	2	3		1	9	1
2	1	4		2	1	8
3	4	4		3	4	4
4	6	7		4	8	3

(19) A. 1 B. 2 C. 3 D. 4
(20) A. 2、2 B. 2、4 C. 4、4 D. 4、8

试题（19）、（20）分析

本题考查关系代数运算基础知识。

试题（19）的正确选项为 B。两个关系 R 和 S 进行自然连接时，选择两个关系 R 和 S 公共属性上相等的元组，去掉重复的属性列构成新关系。由于本题 R 和 S 公共属性上相等的元组只有 R 和 S 上的元组 2 和元组 3 中的 R.A1 = S.A1，R.A2 = S.A2，故去掉重复属性列 S.A1, S.A2，结果集应为 {(2,1,4,8),(3,4,4,4)}。

试题（20）的正确选项为 C。两个关系 R 和 S 进行自然连接时，选择 R 和 S 公共属性上相等的元组、去掉重复的属性列来构成新关系。在这种情况下，关系 R 中的某些元组有可能在关系 S 中不存在公共属性值上相等的元组，造成关系 R 中这些元组的值在运算时被舍弃了；同样关系 S 中的某些元组也可能舍弃。为此，扩充了关系运算左外联接、右外联接和完全外联接。

左外联接是指 R 与 S 进行自然连接时，只把 R 中舍弃的元组放到新关系中。

右外联接是指 R 与 S 进行自然连接时，只把 S 中舍弃的元组放到新关系中。

完全外联接是指 R 与 S 进行自然连接时，把 R 和 S 中舍弃的元组都放到新关系中。

题中 R 与 S 的左外联接、右外联接的结果如下表所示。

R 与 S 的左外联接

A1	A2	A3	A4
1	2	3	null
2	1	4	8
3	4	4	4
4	6	7	null

R 与 S 的右外联接

A1	A2	A3	A4
1	9	null	1
2	1	4	8
3	4	4	4
4	8	null	3

从运算的结果可以看出 R 与 S 的左外联接、右外联接的元组个数分别为 4、4。

参考答案

（19）B　（20）C

试题（21）

视图设计属于数据库设计的__（21）__阶段。

（21）A．需求分析　　B．概念设计　　C．逻辑设计　　D．物理设计

试题（21）分析

本题考查对数据库设计相关概念的掌握。

视图设计是指在确定了基本表的情况下，根据处理需求，确定增加相应的视图，以方便应用程序的编写和安全性要求，应属于逻辑结构设计阶段要完成的任务。

参考答案

（21）C

试题（22）

某软件公司研发人力资源信息管理系统的过程中，__（22）__不属于数据库管理员（DBA）的职责。

（22）A．决定数据库的存储结构和存取策略

　　　B．定义数据的安全性要求和完整性约束条件

　　　C．决策数据库究竟要存放哪些信息和信息的结构

　　　D．设计与编写信息管理系统程序

试题（22）分析

本题考查数据库系统基本概念。

研发信息系统过程的一个重要环节是数据库的建立和维护，需要专人完成，所谓专人就是数据库管理员（DBA），具体职责如下：

①决定数据库中的信息内容和结构，DBA 要参与数据库设计的全过程，决策数据库究竟要存放哪些信息以及信息的结构。

②决定数据库的存储结构和存取策略，以获得较高的存储效率和存储空间的利用率。

③定义数据的安全性要求和完整性约束条件。

④监控数据库的使用和运行。一旦数据库出现问题，DBA 必须在最短的时间内将数据库恢复到正确状态。

⑤数据库的改进和重组重构。当用户的需求发生变化时，DBA 还要对数据库改进，重组重构。

参考答案

（22）D

试题（23）

在信息系统安全管理中，以下措施，__(23)__ 能最有效地防范计算机病毒。

（23）A．数据之间的传输尽量使用移动存储器

B．及时更新病毒库，并经常对系统进行检查

C．定期地用磁盘整理程序对磁盘进行碎片处理

D．防止计算机设备遭水灾、火灾、有害气体和其他环境事故破坏的措施

试题（23）分析

有效防范计算机病毒的关键问题是了解病毒，养成一个良好的计算机应用和管理的习惯，对保障计算机不受病毒侵扰尤为重要。因此，最有效的防范是及时更新病毒库，并经常对系统进行检查，由于每天都有大量的病毒变种出现，因此需要经常更新病毒库来保证杀毒软件有能力来查杀最新的病毒。其次是使用 Windows Update 更新操作系统，并及时下载并安装补丁程序，因为一些恶性蠕虫病毒和木马病毒一般都是通过系统漏洞传播的，打好系统补丁就可以防止此类病毒的感染；另外，不要随便直接运行或打开来历不明的电子邮件的附件。

参考答案

（23）B

试题（24）

防火墙网络地址转换（Network Address Translation）的目的是 __(24)__ 。

（24）A．进行入侵检测　　　　　B．对应用层进行侦测和扫描

C．防止病毒入侵　　　　　D．隐藏内部网络 IP 地址及拓扑结构信息

试题（24）分析

本题考查防火墙的基础知识。

防火墙的网络地址转换功能（Network Address Translation，NAT）是一种将私有（保留）地址转化为合法 IP 地址的转换技术，NAT 不仅完美地解决了 IP 地址不足的问题，而且还能够有效地避免来自网络外部的攻击，隐藏内部网络 IP 地址及拓扑结构信息。

参考答案

（24）D

试题（25）

以下选项中，__(25)__ 并未构成计算机犯罪。

（25）A．在微信公共平台上造谣侮辱他人

B．充当黑客，篡改某网站的信息资料

C．在课程学习过程中使用了来历不明的软件

D．网上盗取他人银行账号与密码，并进行存款转存

试题（25）分析

本题考查计算机犯罪方面的认知。

不使用来历不明的程序或软件,可以有效地防范计算机病毒。选项 C "在课程学习过程中使用了来历不明的软件"属于防范意识问题,未构成计算机犯罪。

参考答案

(25) C

试题 (26)

Z 书法家将自己创作的一幅书法作品原件出售给了 M 公司。M 公司未经 Z 书法家的许可将这幅书法作品作为商标注册,并取得商标权。以下说法正确的是__(26)__。

(26) A. M 公司的行为侵犯了 Z 书法家的著作权
　　　B. M 公司的行为未侵犯 Z 书法家的著作权
　　　C. M 公司的行为侵犯了 Z 书法家的商标权
　　　D. M 公司与 Z 书法家共同享有该书法作品的著作权

试题 (26) 分析

本题考查知识产权方面的基础知识。

某些知识产权具有财产权和人身权双重性,例如著作权,其财产权属性主要体现在所有人享有的独占权以及许可他人使用而获得报酬的权利,所有人可以通过独自实施获得收益,也可以通过有偿许可他人实施获得收益,还可以像有形财产那样进行买卖或抵押;其人身权属性主要是指署名权等。有的知识产权具有单一的属性,例如,发现权只具有名誉权属性,而没有财产权属性;商业秘密只具有财产权属性,而没有人身权属性;专利权、商标权主要体现为财产权。所以,M 公司未经 Z 书法家的许可将这幅书法作品作为商标注册,并取得商标权,M 公司的行为侵犯了 Z 书法家的著作权。

参考答案

(26) A

试题 (27)

李刚是 M 公司的软件设计师,在软件开发过程中均按公司规定编写软件文档,并提交公司存档。那么该软件文档的著作权__(27)__享有。

(27) A. 应由李刚　　　　　　　　B. 应由 M 公司
　　　C. 应由 M 公司和李刚共同　　D. 除署名权以外,其他权利由李刚

试题 (27) 分析

本题考查知识产权基础。

依据《中华人民共和国著作权法》第十一条、第十六条规定,职工为完成所在单位的工作任务而创作的作品属于职务作品。职务作品的著作权归属分为两种情况。

①虽是为完成工作任务而为,但非经法人或其他组织主持,不代表其意志创作,也不由其承担责任的职务作品,如教师编写的教材。著作权应由作者享有,但法人或者其他组织在其业务范围内有优先使用的权利,期限为 2 年。

②由法人或者其他组织主持,代表法人或者其他组织意志创作,并由法人或者其他组织承担责任的职务作品,如工程设计、产品设计图纸及其说明、计算机软件、地图等职务作品,以及法律规定或合同约定著作权由法人或非法人单位单独享有的职务作品,作者享有署名

权,其他权利由法人或者其他组织享有。

参考答案

(27) B

试题 (28)

网络安全基本要素中数据完整性是指 __(28)__ 。

(28) A. 确保信息不暴露给未授权的实体或进程

　　 B. 可以控制授权范围内信息流向及行为方式

　　 C. 确保接收到的数据与发送的一致

　　 D. 对出现的网络安全问题提供调查依据和手段

试题 (28) 分析

本题考查网络安全基础知识。

网络安全基本要素中包括机密性、完整性、可用性、可控性和可审查性。数据完整性是指确保接收到的数据与发送的一致,即数据在存储或传输的过程中保持不被修改、不被破坏和丢失的特性。

参考答案

(28) C

试题 (29)

TCP/IP 是一个协议簇,包含了多个协议。其中 __(29)__ 是用来进行文件传输的基本协议。

(29) A. Telnet　　　B. SMTP　　　C. FTP　　　D. POP

试题 (29) 分析

本题考查对互联网络协议的了解。

TCP/IP 协议族(TCP/IP Protocol Suite,或 TCP/IP Protocols,简称 TCP/IP)是一个网络通信模型,涉及整个网络传输协议家族,为互联网的基础通信架构。该协议簇本身包括了用来登录到远程计算机上进行信息访问的远程登录协议 Telnet,用来解决文件传输的基本协议 FTP 及进行简单邮件传输的协议 SMTP。

参考答案

(29) C

试题 (30)

在数据通信的主要技术指标中,公式 $S=B\log_2 N$(B 为波特率,N 为一个波形的有效状态数)中的 S 表达的计算参数是 __(30)__ 。

(30) A. 信道延迟　　B. 误码率　　　C. 带宽　　　D. 比特率

试题 (30) 分析

本题考查计算机网络基础知识。

数据通信是计算机网络中解决传输问题的重要技术,评价数据通信质量和效果的技术指标也有很多。其中:信道延迟是指信号在信道中传输时,从信源端到信宿端的时间差;误码率是指二进制数字信号在传送过程中被传错的概率,其计算公式为 Pe=传错的比特数/传送的总比特数;带宽是指介质能传输的最高频率与最低频率之间的差值,通常用 Hz 表示;比特率也称位速率，是指单位时间内所传送的二进制位数，单位为位/秒（bps），其计算公式是 $S=B\log_2 N$（B 为波特率，N 为一个波形的有效状态数）。

参考答案

（30）D

试题（31）

____(31)____ 技术就是通过网络中的结点在两个站点之间建立一条专用的通信线路进行数据交换。

（31）A．线路交换　　　　　　　　B．报文交换
　　　 C．分组交换　　　　　　　　D．数字语音插空

试题（31）分析

本题考查对数据交换技术的理解。

数据交换技术有多种。线路交换技术是在两个站点之间建立一条专用的通信线路进行交换。报文交换采用存储转发的方式传输数据，它不需要在两个站点之间建立一条专用的通信线路，其特点是线路利用率高。分组交换类似于报文交换，但每次只能发送其中一个分组，分组交换具有传输时间短、延迟小、开销小等特点。数字语音插空技术是通过将人类语音中固有的无声空间给活跃用户使用的方式，在许多用户之间分享通信通道。

综上所述，可以看出只有线路交换是通过网络中的结点在两个站点之间建立一条专用的通信线路进行交换。

参考答案

（31）A

试题（32）

局域网的介质访问控制方式主要有带冲突检测的载波监听多路访问介质控制（CSMA/CD）、令牌总线访问控制和令牌环（Token Ring）访问控制，其中带冲突检测的载波监听多路访问介质控制是一种____(32)____。

（32）A．适合于环状网络结构的分布式介质访问控制方式
　　　 B．适合于总线型结构的分布式介质访问控制方式
　　　 C．适合于树型结构的分布式介质访问控制方式
　　　 D．适合于星型结构的分布式介质访问控制方式

试题（32）分析

本题考查对局域网的介质访问控制方式的理解。

介质访问控制方式，也就是信道访问控制方法，可以简单地理解为如何控制网络节点何时发送数据、如何传输数据以及怎样在介质上接收数据。局域网的介质访问控制方式主要有带冲突检测的载波监听多路访问介质控制（CSMA/CD）、令牌总线访问控制和令牌环（Token Ring）访问控制三种。其中带冲突检测的载波监听多路访问介质控制是一种适合于总线型结构的具有信道检测功能的分布式介质访问控制方式；令牌环（Token Ring）访问控制是一种适合于环状网络结构的分布式介质访问控制方式；令牌总线访问控制方式是在综合了 CSMA/CD 和令牌环优点的基础上形成的一种介质访问控制方式，主要用于总线型网络或树

型网络结构。

参考答案

（32）B

试题（33）

网络的安全层次分为物理安全、控制安全、服务安全和协议安全。其中控制安全包括__(33)__。

(33) A．对等实体认证服务、访问控制服务等
　　　B．网络接口模块的安全控制、网络互联设备的安全控制等
　　　C．设备故障、信息泄露、操作失误等
　　　D．源地址欺骗、源路由选择欺骗等

试题（33）分析

本题考查对网络应用中的网络安全问题的理解。

计算机网络安全就其本质而言是网络上的信息安全。网络的安全层次分为物理安全、控制安全、服务安全和协议安全。其中的控制安全包括计算机操作系统的安全控制、网络接口模块的安全控制、网络互联设备的安全控制等内容。

参考答案

（33）B

试题（34）

软件工程的基本要素包括__(34)__、工具和过程。

(34) A．方法　　　B．软件　　　C．硬件　　　D．人员

试题（34）分析

本题考查软件工程三要素的内容。

软件工程三要素是指方法、工具和过程。软件工程方法为软件开发提供了"如何做"的技术。软件工具为软件工程方法提供了自动的或半自动的软件支撑环境。软件工程的过程则是将软件工程的方法和工具综合起来以达到合理、及时地进行计算机软件开发的目的。

参考答案

（34）A

试题（35）

完成软件概要设计后，得到__(35)__。

(35) A．数据流图　　　　　　　　B．用例图
　　　C．软件架构图　　　　　　　D．模块的数据结构和算法

试题（35）分析

本题考查软件开发基础知识。

概要设计的主要任务是把需求分析得到的系统扩展用例图转换为软件结构和数据结构。设计软件结构的具体任务是：将一个复杂系统按功能进行模块划分、建立模块的层次结构及调用关系、确定模块间的接口及人机界面等。数据流图、用例图是需求分析阶段的输出，软件架构图是概要设计阶段的输出，模块数据结构和算法的设计是详细设计阶段的工作。

参考答案

（35）C

试题（36）

下面的敏捷开发方法中，__（36）__ 使用迭代的方法，把一段时间如每 30 天进行一次迭代称为一个"冲刺"，并按需求的优先级别来实现产品。

(36) A．极限编程（XP） B．水晶法（Crystal）
　　　C．并列争求法（Scrum） D．自适应软件开发（ASD）

试题（36）分析

本题考查敏捷开发相关的方法和概念。

极限编程（XP）是一门针对业务和软件开发的规则，它的作用在于将两者的力量集中在共同的、可以达到的目标上。XP 注重的核心是沟通、简明、反馈和勇气。水晶法（Crystal）认为不同的项目采用不同的策略、约定和方法论，认为人对软件质量有重要的影响，随着项目质量和人员素质的提高，项目和过程的质量也随之提高。并列争求法（Scrum）是一种迭代的增量化过程，用于产品开发或工作管理。它是一种可以集合各种开发实践的经验化过程框架。并列争求法使用迭代的方法，其中，把每 30 天一次的迭代称为一个"冲刺"，并按需求的优先级别来实现产品。自适应软件开发（ASD）强调开发方法的适应性，这一思想来源于复杂系统的混沌理论。ASD 不像其他方法有很多具体的实践做法，它更侧重于为 ASD 的重要性提供最根本的基础，并从更高的组织和管理层次来阐述开发方法为什么要具备适应性。

参考答案

（36）C

试题（37）

COCOMO II 模型在预算软件项目成本时，基于早期设计模型估算 __（37）__ 。

(37) A．应用程序点数量 B．功能点数量
　　　C．复用或生成的代码行数 D．源代码的行数

试题（37）分析

本题考查 COCOMO II 成本估算模型相关知识。

在利用 COCOMO II 模型进行软件成本估算过程中，首先采用功能点或代码量法估算出软件项目的功能点数，再通过估算出的功能点数进行代码行转换，使用千代码行数作为描述项目规模的单位，最后采用进度计算公式，计算出开发该项目所需要的进度及人数。

参考答案

（37）B

试题（38）

某工厂使用一个软件系统统计缺陷数量、缺陷分类等信息，并用于生产过程改进。该系统属于 __（38）__ 。

(38) A．面向作业处理的系统 B．面向管理控制的系统
　　　C．面向决策计划的系统 D．面向数据汇总的系统

试题（38）分析

本题考查企业中信息系统主要类型。

根据信息服务对象的不同，企业中的信息系统分为三类：面向作业处理的系统是用来支持业务处理，实现处理自动化的信息系统；面向管理控制的系统是指辅助企业管理，实现管理自动化的信息系统；面向决策计划的系统能从管理信息系统中获得信息，帮助管理者制定最佳决策。

本题中，某工厂使用一个软件系统统计缺陷数量、缺陷分类等信息，并用于生产过程改进，有利于决策过程。

参考答案

（38）C

试题（39）

以下关于信息系统层次结构的叙述中，正确的是　(39)　。

（39）A．分为战略计划层和战术管理层两层
　　　B．分为业务管理层和技术实施层两层
　　　C．分为战略计划层、战术管理层和作业处理层三层
　　　D．分为战略计划层、战术管理层和战役指挥层三层

试题（39）分析

本题考查信息系统层次结构相关概念。

一个组织或企业的管理活动，从纵向看只分为三层，即分为战略计划层、战术管理层和作业处理层三层。

参考答案

（39）C

试题（40）

以下关于信息系统组成的叙述中，不正确的是　(40)　。

（40）A．信息系统包括硬件系统和软件系统
　　　B．信息系统包括数据和存储介质
　　　C．信息系统包括非计算机系统的信息收集和处理设备
　　　D．信息系统包括电力网络等基础设施

试题（40）分析

本题考查对信息系统组成的理解。

信息系统组成包括以下七大部分：计算机硬件系统，计算机软件系统，数据及其存储介质，通信系统，非计算机系统的信息收集、处理设备，规章制度，工作人员。

参考答案

（40）D

试题（41）

以下关于信息系统的叙述中，不正确的是　(41)　。

（41）A．在计算机出现之前不存在信息系统

B. 信息系统中用处理来转换原始输入
　　C. 信息系统输入和输出类型需要明确
　　D. 信息系统输出的信息反映了系统的功能或目标

试题（41）分析

　　本题考查对信息系统的理解。

　　信息系统是由计算机硬件、网络和通信设备、计算机软件、信息资源、信息用户和规章制度组成的以处理信息流为目的的人机一体化系统。主要有五个基本功能，即对信息的输入、存储、处理、输出和控制。信息系统经历了简单的数据处理信息系统、孤立的业务管理信息系统、集成的智能信息系统三个发展阶段。

参考答案

　　（41）A

试题（42）

　　以下关于项目的叙述中，不正确的是__(42)__。

　　（42）A. 项目可以重复实施　　　B. 项目有特定的委托人
　　　　　C. 项目有资源的约束　　　D. 项目的组织是临时的

试题（42）分析

　　本题考查项目的基本概念。

　　所谓项目，是指在既定的资源和要求约束下，为实现某种目的而相互联系的一次性工作任务。项目的基本特征包括：明确的目标、独特的性质、有限的生命周期、特定的委托人、实施的一次性、组织的临时性和开放性、项目的不确定性和风险性及结果的不可逆转性。

　　根据以上描述，项目是一次性的工作任务，不可以重复实施。

参考答案

　　（42）A

试题（43）

　　以下关于信息系统项目的叙述中，不正确的是__(43)__。

　　（43）A. 信息系统项目的生命周期有限
　　　　　B. 信息系统项目开发过程中需求很少变化
　　　　　C. 信息系统项目有不确定性
　　　　　D. 信息系统项目有风险

试题（43）分析

　　本题考查信息系统项目的特点。

　　在信息系统项目开发过程中，客户需求随项目进展而变，导致项目进度、费用等不断变更。尽管已经做好了系统规划、可行性研究，签订了较明确的技术合同，然而随着系统分析、系统设计和系统实施的进展，客户的需求不断地被激发，导致程序、界面以及相关文档需要经常修改。而且在修改过程中又可能产生新的问题，这些问题很可能经过相当长的时间后才会被发现，这就要求项目经理不断监控和调整项目的计划执行情况。

参考答案

(43) B

试题（44）

以下不属于项目管理的是 __(44)__ 。

(44) A．进度　　　　B．成本　　　　C．质量　　　　D．算法

试题（44）分析

本题考查项目管理的内容。

项目管理的内容包括进度、成本、质量、范围、风险、沟通、采购、人力资源等。

算法不属于项目管理的内容。

参考答案

(44) D

试题（45）

以下关于系统分析叙述中，不正确的是 __(45)__ 。

(45) A．系统分析是信息系统开发的最重要阶段
　　　B．系统分析需要给出软件架构图
　　　C．系统分析可以使用图作为媒介
　　　D．系统分析需要编写系统说明书

试题（45）分析

本题考查软件开发过程中系统分析的相关知识。

系统分析以系统的整体最优为目标，对系统的各个方面进行定性和定量分析。它是一个有目的、有步骤的探索和分析过程，为决策者提供直接判断和决定最优系统方案所需的信息和资料，从而成为系统工程的一个重要程序和核心组成部分。

软件架构图是概要设计阶段的输出。

参考答案

(45) B

试题（46）

以下选项中， __(46)__ 不属于UML的图。

(46) A．用例图　　　　　　　　　　B．实体联系图
　　　C．顺序图　　　　　　　　　　D．类图

试题（46）分析

本题考查UML图相关知识。

UML（Unified Model Language，统一建模语言）又称标准建模语言，是用来对软件密集系统进行可视化建模的一种语言。UML从考虑系统的不同角度出发，定义了用例图、类图、对象图、包图、状态图、活动图、序列图、协作图、构件图和部署图这10种图。

实体联系图不属于UML的图。

参考答案

(46) B

试题（47）

以下选项中，__(47)__ 不属于结构化分析工具。

(47) A．数据流图　　　　　　　　B．实体联系图
　　　C．类图　　　　　　　　　　D．数据字典

试题（47）分析

本题考查结构化分析工具的知识。

结构化分析工具主要包括数据流图（DFD）、数据字典（DD）、判定表、判定树、结构化语言（PDL）、层次方框图、Warnier 图、IPO 图、控制流图（CFD）、控制说明（CSPEC）、状态转换图（STD）和实体-关系图（E-R）等。

类图是一种面向对象分析与设计工具，不属于结构化分析工具。

参考答案

(47) C

试题（48）

以下关于结构化模块设计工具的叙述中，不正确的是__(48)__。

(48) A．系统流程图反映了数据在系统各个部件之间流动的情况
　　　B．HIPO 图由流程图和 IPO 图两部分构成
　　　C．控制结构图反映了模块的调用关系和控制关系
　　　D．模块结构图反映了模块之间的联系

试题（48）分析

本题考查结构化模块设计工具的相关知识。

HIPO 图是表示软件结构的一种图形工具，以模块分解的层次性以及模块内部输入、处理、输出三大基本部分为基础建立的。H 图说明了软件系统由哪些模块组成及其层次结构，IPO 图说明了模块间的信息传递及模块内部的处理。

综上所述，HIPO 图由层次图和 IPO 图两部分组成。

参考答案

(48) B

试题（49）

以下不属于系统详细设计的是__(49)__。

(49) A．模块划分设计　　　　　　B．数据库设计
　　　C．代码设计　　　　　　　　D．用户界面设计

试题（49）分析

本题考查信息系统详细设计的内容。

信息系统详细设计包括业务对象设计、功能逻辑设计、数据库设计和界面设计等工作。

详细设计是系统实现的依据，需要考虑所有的设计细节。

模块划分设计属于概要设计阶段的工作。

参考答案

(49) A

试题（50）

以下关于系统设计的叙述中，不正确的是 __(50)__ 。

(50) A．系统设计包括总体设计和详细设计
　　 B．系统设计要兼顾可靠性和效率
　　 C．系统设计需要考虑将来可能的更改
　　 D．系统设计需要紧耦合、低内聚

试题（50）分析

本题考查信息系统设计的相关知识。

系统设计是根据系统分析的结果，运用系统科学的思想和方法，设计出能最大限度满足所要求的目标（或目的）的新系统的过程。系统设计需要遵循高内聚，低耦合的原则。每个模块尽可能独立完成自己的功能，不依赖于模块外部的代码。高内聚，低耦合，使得模块的"可重用性""移植性"大大增强。

参考答案

(50) D

试题（51）

以下不属于系统实施关键因素的是 __(51)__ 。

(51) A．需求复杂程度　　　　　　　B．进度安排情况
　　 C．人员组织情况　　　　　　　D．开发环境构建情况

试题（51）分析

本题考查系统实施的关键因素。

系统实施的关键因素包括进度的安排情况，人员组织情况，开发环境构建情况等。

需求复杂程度不属于系统实施过程中的关键因素。

参考答案

(51) A

试题（52）

黑盒测试不能发现 __(52)__ 。

(52) A．功能错误或者遗漏　　　　　B．输入输出错误
　　 C．执行不到的代码　　　　　　D．初始化和终止错误

试题（52）分析

本题考查软件测试基础知识。

在软件测试中，黑盒测试是把程序看作一个不能打开的黑盒子，在完全不考虑程序内部结构和内部特性的情况下，在程序接口进行测试，它只检查程序功能是否按照需求规格说明书的规定正常使用，程序是否能适当地接收输入数据而产生正确的输出信息。

黑盒测试着眼于程序外部结构，不考虑内部逻辑结构，主要针对软件界面和软件功能进行测试，不能发现执行不到的代码。

参考答案

(52) C

试题（53）

某高校已有一套教务系统，但无法满足师生的部分需求，因此又引入了一套新的教务系统，并设定了一年的过渡期，过渡期间两套系统都可以正常使用，这种系统转换方式属于__(53)__。

(53) A．分段转换　　　　B．直接转换　　　　C．并行转换　　　　D．串行转换

试题（53）分析

本题考查新系统和遗留系统之间的转换策略。

分段转换是将新系统分成若干部分（一般以子系统为单位），一部分一部分地并行转换，直到整个系统转换完成。该方式适用于较大的重要系统，既稳妥可靠而工作量又不是太大。并行转换是旧系统和新系统并行工作一段时间，再由新系统代替旧系统的策略。

根据如上描述，两套教务系统并行工作，采用了并行转换的策略。

参考答案

(53) C

试题（54）

IT 系统管理工作中的安全审计记录包括很多方面的信息内容，下面__(54)__不属于这些信息内容。

(54) A．事件发生的时间和地点　　　　B．引发事件的用户
　　　C．事件的处理流程　　　　　　　D．事件的类型及事件成功与否

试题（54）分析

本题考查对 IT 系统管理工作中的安全审计的理解。

IT 系统管理工作中，为了能够实时监测、记录和分析网络上和用户系统中发生的各类与安全有关的事件，并阻断严重的违规行为，需要有安全审计跟踪机制，在跟踪中记录有关安全信息。审计记录应该包括：事件发生的时间和地点、引发事件的用户、事件的类型及事件成功与否，除此之外，还可能会有活动的用户账号和访问特权、用户的活动情况、未授权和未成功的访问、敏感命令的运行等。安全审计记录不包括系统建设过程中的产品授权问题。

参考答案

(54) C

试题（55）

外包成功的关键因素之一是选择具有良好社会形象和信誉、相关行业经验丰富、能够引领或紧跟信息技术发展的外包商作为战略伙伴。因此外包商的资格审查应从三个主要方面着手，下面选项中，不属于这三个方面的是__(55)__。

(55) A．技术能力　　　　　　　　B．经营管理能力
　　　C．发展能力　　　　　　　　D．资金能力

试题（55）分析

本题考查对 IT 部门人员管理中的第三方（外包）的管理的认知。

外包是一种合同协议，组织提交 IT 部门的部分控制或全部控制给一个外部组织，并支付费用，签约方依据合同所签订的服务水平协议，提供资源和专业技能来交付相应的服务。

外包成功的关键因素之一是选择具有良好社会形象和信誉、相关行业经验丰富、能够引领或紧跟信息技术发展的外包商作为战略伙伴。因此外包商的资格审查应从三个主要方面着手，这三个方面是技术能力、经营管理能力、发展能力。不关注第三方的资金支付能力。

参考答案

(55) D

试题（56）

当前，企业对员工及其在企业里账号的管理较广泛使用的是统一用户管理系统。使用统一管理系统的收益有很多，下列选项中的 __(56)__ 不在这些收益之列。

(56) A．用户交互界面非常友好
　　　B．安全控制力度得到加强
　　　C．减轻管理人员的负担，提高工作效率
　　　D．用户使用更加方便

试题（56）分析

本题考查对系统用户管理中统一用户管理的正确理解。

统一用户管理的收益主要有：①用户使用更加方便，无须记住太多系统的登录名称和密码；②安全控制力度得到加强，管理人员可以集中处理不同系统的授权和审计；③减轻管理人员的负担，提高工作效率；④安全性得到提高，用户登录时，除了输入用户名外，还要输入静态密码和一次性动态密码。至于用户界面友好的评判不属于使用该系统带来的收益。

参考答案

(56) A

试题（57）

IT 资源管理中的设施和设备管理包括的管理内容较多。下列 __(57)__ 不是设施和设备管理中的管理内容。

(57) A．通信应急设备管理　　　B．防护设备管理
　　　C．设备的正确性管理　　　D．空调设备管理

试题（57）分析

本题考查对 IT 资源管理中的设施和设备管理的理解。

IT 资源管理中，设施和设备管理包括电源设备管理、空调设备管理、通信应急设备管理、楼宇管理、防护设备管理等。不涉及对设备的单纯的正确性管理问题。

参考答案

(57) C

试题（58）

下列选项中，__(58)__ 不属于 DBMS 的基本功能。

(58) A．数据描述功能　　　B．数据的查询和操纵功能
　　　C．数据的应用功能　　　D．数据的维护功能

试题（58）分析

本题考查对 IT 资源管理中的数据管理的理解。

IT 资源管理中的数据管理涉及的关键软件是数据库管理系统，它保证了存储在其中的数据的安全和一致性，所有对数据的更新和维护等基本操作都要经过数据库管理系统软件，主要包括数据库描述功能、数据库管理功能、数据库的查询和操纵功能、数据库的维护功能等。数据的应用是一个很宽泛的说法，与应用软件相关，在数据库管理系统功能方面，没有这样的提法。

参考答案

（58）C

试题（59）

网络配置管理主要涉及___（59）___的设置、转换、收集和修复等信息。

（59）A．被管理的代理人员　　　　B．网络传输介质
　　　　C．公共网络运营商　　　　　D．网络设备

试题（59）分析

本题考查对网络配置管理中的管理对象的理解。

IT 资源管理中的网络配置管理是指管理员对企业所有网络设备的配置的统一管理，通过监控网络和系统配置信息，可以跟踪和管理各种版本的硬件和软件元素的网络操作。主要涉及网络设备（网桥、路由器、工作站、服务器、交换机等）的设置、转换、收集和修复等信息。

参考答案

（59）D

试题（60）

软件开发的生命周期包括两方面的内容，一是项目应该包括哪些阶段，二是这些阶段的顺序如何。通常的软件生命周期会包括这样一些阶段（注意：下面的序号并非实际生命周期顺序序号）：

①安装（Install）；②集成及系统测试（Integration and System Test）；③编码（Coding）及单元测试（Unit Test）；④软件设计（SD）；⑤实施（Implementation）；⑥需求分析（RA）。

这些阶段的正确顺序应该是___（60）___。

（60）A．①②③④⑤⑥　　　　　　B．⑥④③②①⑤
　　　　C．③①②④⑤　　　　　　　D．⑥①②③④⑤

试题（60）分析

本题考查对软件管理中的软件生命周期和资源管理的理解。

在对软件资源管理过程中，软件生命周期的概念很重要。通常的软件生命周期划分会有所不同，但在本题中这些阶段依次为需求分析（RA）、软件设计（SD）、编码（Coding）及单元测试（Unit Test）、集成及系统测试（Integration and System Test）、安装（Install）、实施（Implementation）。

参考答案

（60）B

试题（61）

故障及问题管理中，为便于实际操作中的监视设置，将导致 IT 系统服务中断的因素分成了 7 类，下面 __(61)__ 不在这 7 类之列。

(61) A．按计划的硬件、操作系统的维护操作引起的故障
  B．非系统操作人员运行系统
  C．人为操作故障
  D．系统软件故障

试题（61）分析

本题考查对故障管理中故障监视内容的理解。

在 IT 系统中，故障管理流程中的一项基础活动是故障监视。为便于实际操作中的监视设置，将导致 IT 系统服务中断的因素分成了 7 类，分别是：按计划的硬件、操作系统的维护操作引起的故障；应用性故障；人为操作故障；系统软件故障；硬件故障；相关设备故障（如停电时 UPS 失效导致服务中断）及自然灾害。这 7 类划分中没有对是否是专业人员运行系统进行约定。

参考答案

(61) B

试题（62）

问题管理流程应定期或不定期地提供有关问题、已知错误和变更请求等方面的管理信息，这些管理信息可用作业务部门和 IT 部门的决策依据。其中，提供的管理报告应说明调查、分析和解决问题及已知错误所消耗的资源和取得的进展。下面 __(62)__ 不属于该报告中应该包括的内容。

(62) A．事件报告
  B．产品质量
  C．系统所用设备的先进性
  D．常规问题管理与问题预防管理之间的关系

试题（62）分析

本题考查对问题管理中的管理报告内容的理解。

通常将会导致潜在故障的原因称为问题。在问题管理流程中，强调应定期或不定期地提供有关问题、已知错误和变更请求等方面的管理信息，这些管理信息可用作业务部门和 IT 部门的决策依据。其中，提供的管理报告应说明调查、分析和解决问题及已知错误所消耗的资源和取得的进展。因此，管理报告通常包括这样一些主要内容：事件报告、产品质量、管理效果、常规问题管理与问题预防管理之间的关系、问题状态和行动计划、改进问题管理的意见和建议。系统所用设备的先进性问题不属于管理报告中的主要内容。

参考答案

(62) C

试题（63）

信息系统的安全管理中，介质安全包括介质上数据的安全及介质本身的安全。该层次上

常见的不安全情况大致有三类。下列 __(63)__ 不属于这三类安全情况。

(63) A. 损坏　　　　B. 泄露　　　　C. 意外失误　　　　D. 格式不正确

试题（63）分析

本题考查对介质安全的正确认识。

在安全管理中，介质安全包括介质上数据的安全及介质本身的安全。该层次上常见的不安全情况大致有三类：①损坏，包括自然灾害、物理损坏、设备故障等；②泄露，主要包括电磁辐射、乘机而入、痕迹泄露等；③意外失误，如操作失误、意外疏漏等。没有格式不正确这样的判断和提法。

参考答案

(63) D

试题（64）

安全管理的执行是信息系统安全管理的重要一环，再好的安全策略没有具体的执行支持是不可能获得较好的安全效果的。一般情况下，安全管理执行主要包括四方面内容，下列选项中，__(64)__ 不属于这四方面的内容。

(64) A. 选购好的杀毒软件　　　　B. 安全性管理指南
　　　C. 入侵检测　　　　　　　　D. 安全性强度测试

试题（64）分析

本题考查对安全管理的执行理解。

安全管理的执行是信息系统安全管理的重要一环，再好的安全策略没有具体的执行支持是不可能获得较好的安全效果的。一般情况下，安全管理执行主要包括四方面内容：①安全性管理指南要求尽可能把各种安全策略文档化和规范化，以确保安全管理工作具有明确的依据或参照；②入侵检测，进行入侵检测，防止系统受到攻击；③安全性强度测试，可以检验系统的安全保障能力；④安全性审计支持，实时检测、记录和分析网络上和用户系统中发生的各类与安全有关的事件，阻断严重的违规行为。选购好的杀毒软件不属于安全管理执行阶段的工作。

参考答案

(64) A

试题（65）

系统性能评价中的方法和工具较多。用基准测试程序来测试系统性能是常见的一种测试计算机系统性能的方法，常用的基准测试程序较多。下面 __(65)__ 不是常用的基准测试程序。

(65) A. 核心基准程序方法（Kernel Benchmark）
　　　B. 浮点测试程序 Linpack
　　　C. MIPS 基准测试程序
　　　D. SPEC 基准测试程序

试题（65）分析

本题考查对性能评价方法和工具的认识。

在系统性能评价中，可用的方法和工具较多，用基准测试程序来测试系统性能是常见的一种测试计算机系统性能的方法，常用的基准测试程序较多，如实际的应用程序方法、核心基准程序方法（Kernel Benchmark）、简单基准测试程序（Toy Benchmark）、综合基准测试程序（Synthetic Benchmark）、整数测试程序（Dhrystone）、浮点测试程序 Linpack、Wetstone 基准测试程序、SPEC 基准测试程序等。MIPS（Million Instructions Per Second），即每秒处理的百万级的机器语言指令数，是评价计算机运行速度的指标，不是基准测试程序。

参考答案
　　（65）C

试题（66）
　　系统能力管理中的能力管理是一个流程，是所有 IT 服务绩效和能力问题的核心。它所涉及的管理范围包括所有计算资源硬件设备（计算主设备和外部设备）、所有网络设备，还包括　（66）　方面的内容。
　　（66）A．数据中心机房装修　　　　　B．电力设备
　　　　　C．机房门禁系统　　　　　　　D．所有软件和人力资源

试题（66）分析
　　本题考查对信息系统的系统能力管理的范围的理解。
　　信息系统的系统能力管理是一个流程，是所有 IT 服务绩效和能力问题的核心。它所涉及的管理范围包括所有计算资源硬件设备（计算主设备和外部设备）、所有网络设备、所有软件（包括自主开发和外购的系统和应用软件）、人力资源（所有参与 IT 系统运营的技术人员和管理人员）。

参考答案
　　（66）D

试题（67）
　　能力数据监控很难做到对所有对象都监控，那样会使监控成本昂贵，而且难以实施。通常会选择基础设施中对关键业务提供支持的组件进行监控。监控中最常见的性能数据大体分成两类：一类是监控系统容量，另一类是监控系统的性能，以下　（67）　不属于这些主要监控的性能数据。
　　（67）A．CPU 使用率　　　　　　　　B．队列长度（最大、平均）
　　　　　C．每百行代码的错误率　　　　D．请求作业响应时间

试题（67）分析
　　本题考查对能力管理中的能力数据监控的认知与理解。
　　能力数据监控是一项很重要的工作，但通常很难做到对所有对象都监控，那样会使监控成本昂贵，而且难以实施。通常会选择基础设施中对关键业务提供支持的组件进行监控。监控中最常见的性能数据大体分成两类：一类是监控系统容量，另一类是监控系统的性能。这两类主要性能指标包括 CPU 使用率、内存使用率、每一类作业的 CPU 占用率、磁盘 I/O（物理和虚拟）和存储设备利用率、队列长度（最大、平均）、请求作业响应时间等，运行的软件每百行代码的错误率不在这些指标之列。

参考答案

(67) C

试题 (68)

信息系统成本的构成主要是由系统在开发、运行、维护、管理、输出等方面的资金耗费及人力、能源的消耗和使用来确定。从其功能属性角度可将其划分为四类。下列选项中，__(68)__ 不属于这四类。

(68) A．基础成本　　B．附加成本　　C．额外成本　　D．效能成本

试题 (68) 分析

本题考查对信息系统评价中的信息系统成本构成的理解。

信息系统成本的构成主要是由系统在开发、运行、维护、管理、输出等方面的资金耗费及人力、能源的消耗和使用来确定。从其功能属性角度可将其划分为四类：基础成本（开发阶段所需投资和初步运行所需各种设施的建设费用）；附加成本（指运行、维护过程中不断增加的新的消耗）；额外成本（由于信息的特殊性质而引起的成本耗费）；储备成本（信息活动中作为储备而存在的备用耗费）。没有效能成本这样的类别。

参考答案

(68) D

试题 (69)

信息系统评价中，信息系统的经济效益来源主要从创收和服务活动中获得，按其属性可分为固有收益、直接收益和间接收益。下列选项 __(69)__ 不在这些收益要素之列。

(69) A．科研基金费即科学事业费　　　　B．系统运行成本收入
　　　C．生产经营收入　　　　　　　　　D．系统人员进行技术开发的收入

试题 (69) 分析

本题考查对信息系统评价中的信息系统的经济效益来源的理解。

信息系统评价中，经济效益来源主要从创收和服务活动中获得，按其属性可分为固有收益、直接收益和间接收益三类。具体的收益要素包括：①科研基金费，即科学事业费；②系统人员进行技术开发的收入，包括系统人员开发出的成果带来的收入以及参加各种比赛所带来的收入等；③服务收入，即接受用户委托所进行的信息服务收取的服务费；④生产经营收入，即兼做别的服务项目收入；⑤其他收入，除上述收入外，从别的途径获得的收入。没有系统运行成本收入这样的提法。

参考答案

(69) B

试题 (70)

信息系统评价是有目标的，评价的最终目标就是为了做出决策。对于一个信息系统的运行评价包括这样一些活动（下面的顺序并非实际工作顺序）：

①拟定评价工作方案，收集资料
②评价工作组将评价报告报送专家咨询组复核
③确定评价对象，下达评价通知书，组织成立评价工作组和专家组

④评价工作组实施评价，征求专家意见和反馈企业，撰写评价报告

实际的工作顺序是下列选项中的___（70）___。

（70）A. ①②③④　　　B. ④①②③　　　C. ③①④②　　　D. ②①③④

试题（70）分析

本题考查对信息系统评价项目中的评价目标和工作过程的理解。

信息系统评价是有目标的，评价的最终目标是做出决策。因此在信息系统周期的不同阶段，应用绩效评价的作用是不同的。对于一个信息系统的运行评价首先应该确立相应的系统评价者、评价对象、评价目标和评价原则及策略。其工作步骤为：①确定评价对象，下达评价通知书，组织成立评价工作组和专家组；②拟定评价工作方案，收集资料；③评价工作组实施评价，征求专家意见和反馈企业，撰写评价报告；④评价工作组将评价报告报送专家咨询组复核，向评价组织机构（委托人）送达评价报告并公布评价结果。

参考答案

（70）C

试题（71）～（75）

Early computer networks used leased telephone company lines for their connections. The U.S. Defense Department was concerned about the inherent risk of this single-channel method for connecting computers, and its researchers developed a different method of sending information through ___（71）___ channels. In 1969, Defense Department researchers in the Advanced Research Projects Agency (ARPA) used this network model to connect four computers into a network called the ARPANET. The ARPANET was the earliest of the ___（72）___ that eventually combined to become what we now call the Internet.

The Internet provides only the physical and logical infrastructure that ___（73）___ millions of computers together. Many believe that the World Wide Web (WWW, or simply the Web) provides the killer application (制胜法宝) for this global network. The Web is considered the content of the ___（74）___, providing all sorts of information by using a rich set of tools that manage and link text, graphics, sound, and video. Providing and viewing information on the Web is accomplished using server applications and client applications.

If you've already explored the Web, you'll recognize the client-side application as the Web browser. A Web browser receives, interprets, and displays ___（75）___ of information from the Web. The user can navigate within pages, jump to other pages by clicking hypertext links, and point to just about any page on the Web.

（71）A. multiple　　　B. single　　　C. telephone　　　D. simulation

（72）A. connection　　B. channel(s)　　C. Internet　　　D. network(s)

（73）A. combines　　　B. connects　　　C. builds　　　　D. manages

（74）A. network　　　　B. connection　　C. Internet　　　D. page

（75）A. pages　　　　　B. applications　　C. navigations　　D. hyperlinks

参考译文

早期的计算机网络使用租用的电话公司线路进行连接。美国国防部担心这种连接计算机的单通道方法的固有风险，其研究人员开发了另一种通过多通道发送信息的方法。1969 年，美国高级研究计划局（ARPA）的国防部研究人员使用此网络模型将四台计算机连接到称为 ARPANET 的网络中。ARPANET 是最早的网络，最终合并为我们现在称为 Internet 的网络。

因特网只是提供了将许许多多计算机连接在一起的物理与逻辑基础结构。不少人认为，是万维网（WWW 或简称 Web）为这个全球网络提供了"制胜法宝"。万维网被视为因特网的内容，它通过使用管理与链接文本、图形、声音和视频的一套丰富工具来提供各种信息。使用服务器应用程序和客户应用程序完成在万维网上提供和查看信息。

如果你已经探索过万维网，你就会看出客户端应用程序就是万维网浏览器。万维网浏览器接收、解释和显示来自万维网的网页信息。用户可以在网页之内浏览，可以通过点击超文本链接跳到其他网页，也可以指向万维网上的几乎任何网页。

参考答案

（71）A　（72）D　（73）B　（74）C　（75）A

第 10 章 2020 下半年信息系统管理工程师下午试题分析与解答

试题一（共 15 分）

阅读下列说明，回答问题 1 至问题 3，将解答填入答题纸的对应栏内。

【说明】

某小区快递驿站代收发各家快递公司的包裹，为规范包裹收发流程，提升效率，需要开发一个信息系统。请根据下述需求描述完成该系统的数据库设计。

【需求描述】

（1）记录快递公司和快递员的信息。快递公司信息包括公司名称、地址和一个电话；快递员信息包括姓名、手机号码和所属公司名称。一个快递公司可以有若干快递员，一个快递员只能属于一家快递公司。

（2）记录客户信息，客户信息包括姓名、手机号码和客户等级。驿站对客户进行等级评定，等级高的客户在驿站投递包裹有相应的优惠。

（3）记录包裹信息，便于快速查找和管理。包裹信息包括包裹编号、包裹到达驿站时间、客户手机号码和快递员手机号码。快递驿站每个月根据收发的包裹数量，与各快递公司结算代收发的费用。

【问题 1】（6 分）

【概念模型设计】

根据需求阶段收集的信息，设计的实体联系图（不完整）如图 1-1 所示。

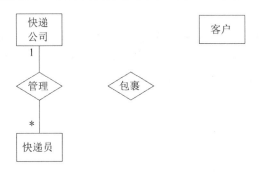

图 1-1 实体联系图

根据需求描述，补充图 1-1 的实体联系图。

【问题 2】（4 分）

补充下列逻辑结构设计中的（a）、（b）两处空缺，并描述完整性约束关系。

【逻辑结构设计】

根据概念模型设计阶段完成的实体联系图，得出如下关系模式（不完整）：

快递公司（<u>公司名称</u>，地址，电话）

快递员（姓名，<u>快递员手机号码</u>，_____(a)_____）

客户（姓名，<u>客户手机号码</u>，客户等级）

包裹（<u>编号</u>，到达时间，_____(b)_____，快递员手机号码）

【问题3】（5分）

若快递驿站还兼有代缴水电费业务，请增加新的"水电费缴费记录"实体，并给出客户和水电费缴费记录之间的"缴纳"联系，对图1-1进行补充。"水电费缴费记录"实体包括编号、客户手机号码、缴费类型、金额和时间，请给出"水电费缴费记录"的关系模式，并说明其完整性约束。

试题一分析

本题考查数据库概念结构设计及逻辑结构转换的掌握。此类题目要求考生认真阅读题目，根据题目的需求描述，补充关系模式和实体联系图。

【问题1】

根据题意可知客户和快递员两个实体参与包裹联系，两方之间为*:*联系。由"包裹信息包括包裹编号、包裹到达驿站时间、客户手机号码和快递员手机号码"可知包裹关系模式的属性除了包含参与联系双方的主码，即客户手机号码和快递员手机号码外，还应该包含编号和到达驿站时间这两个属性，因此在包裹联系上还应该补充编号和到达驿站时间两个属性。

【问题2】

根据需求描述（1），可知快递员信息包括姓名、手机号码和所属公司名称。所以在快递员关系模式里应该包括"公司名称"，且以外键标识。

根据需求描述（3），可知包裹信息包括包裹编号、包裹到达驿站时间、客户手机号码和快递员手机号码。所以需要在包裹关系模式中包含"客户手机号码"，且以外键标识。

【问题3】

根据题意需要增加新的"水电费缴费记录"实体，并给出客户和水电费缴费记录之间的"缴纳"联系。因为每个客户可以有多条水电费缴纳记录，而每条缴纳记录只能对应一个客户，所以客户与水电费缴纳记录之间是1:*联系。

参考答案

【问题1】

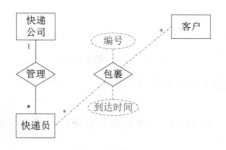

【问题 2】
(a) 公司名称
(b) 客户手机号码

【问题 3】
补充内容如图中虚线所示。

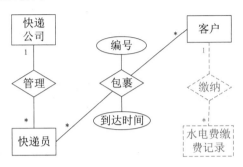

关系模式：水电费缴费记录（编号，客户手机号码，缴费类型，金额，时间）

试题二（共 15 分）
阅读以下说明，回答问题 1 至问题 3，将解答填入答题纸的对应栏内。

【说明】
某事业单位拟开发统一用户管理系统平台，解决本单位各个业务系统相互独立、数据不一致、管理分散、信息共享程度不高等问题。经过单位相关负责部门研究决定成立由李工负责的项目组，进行统一用户管理系统平台调研和开发工作。

【需求分析】
经过调研，项目组认为统一用户管理系统平台可由五个部分组成：登录管理、部门信息管理、人员信息查询及管理、信息子系统登录及系统维护。

（1）登录管理模块。该模块要求实现用户的登录、注册向导、注销功能。所有用户都可以访问该模块，但系统通过对用户进行身份验证，根据用户拥有的权限，赋予用户相应的操作权限。

（2）部门信息管理模块。具备部门管理员身份的用户可以对部门内信息进行增加、修改和删除操作，并要求所维护的部门信息同步到其他信息子系统中。

（3）人员信息查询及管理模块。允许用户查询权限范围内的人员信息，并展示部门与人员的隶属关系。具备部门管理员身份的用户可以允许其管辖内人员的信息维护，并要求所维护的信息同步到其他信息子系统中。个人用户允许维护自己的信息资料。

（4）信息子系统登录模块。要求实现功能：当统一用户管理系统要求连接一个信息子系统时，需要进行信息子系统注册。若需要进行数据同步，则要记录信息系统获得同步通知的 URL；若需要单点登录，则要记录单点登录时的 URL。

（5）系统维护模块。系统有默认的超级管理员，其职责是设置系统管理员的操作权限、配置系统同步方式（实时同步或定时同步）；系统管理员职责是设置部门管理员的操作权限及系统维护工作；部门管理员职责是设置所管辖部门管理及用户的操作权限。

表 2-1 统一用户管理系统平台

序号	功能	序号	功能
1	信息子系统注册	9	赋予用户相应的操作权限
2	部门信息维护	10	部门信息同步
3	用户登录	11	用户注册与注销
4	部门人员信息维护	12	配置系统同步方式
5	用户身份验证	13	设置用户的操作权限
6	记录信息系统获得同步通知的 URL	14	人员信息查询
7	设置系统管理员权限	15	记录单点登录时的 URL
8	设置部门管理员权限	16	个人信息维护

【问题1】（8分）

根据需求分析的结果，请将表 2-1 中序号为 1～16 的功能模块区分出来，分别归入登录管理、部门信息管理、人员信息查询及管理、信息子系统登录及系统维护等模块中，并填入答题纸对应的位置上。

（1）登录管理包含的功能：＿＿＿＿＿＿＿＿＿＿＿＿＿＿＿＿＿＿＿＿＿＿＿＿＿＿＿＿。

（2）部门信息管理包含的功能：＿＿＿＿＿＿＿＿＿＿＿＿＿＿＿＿＿＿＿＿＿＿＿＿。

（3）人员信息查询及管理包含的功能：＿＿＿＿＿＿＿＿＿＿＿＿＿＿＿＿＿＿＿。

（4）信息子系统登录包含的功能：＿＿＿＿＿＿＿＿＿＿＿＿＿＿＿＿＿＿＿＿＿＿。

（5）系统维护包含的功能：＿＿＿＿＿＿＿＿＿＿＿＿＿＿＿＿＿＿＿＿＿＿＿＿＿。

【问题2】（4分）

（1）系统平台管理分为几级？

（2）系统平台设有哪几类管理员？

【问题3】（3分）

（1）什么是单点登录（Single Sign On，SSO）？

（2）统一用户管理系统平台支持 SSO 有哪些优点？

试题二分析

【问题1】

统一用户管理系统（Unified User Management System）平台可由五个部分组成：登录管理、部门信息管理、人员信息查询及管理、信息子系统登录及系统维护。各部分根据题意分析如下：

（1）根据题意，登录管理要求实现用户的登录、注册向导、注销功能。所有用户都可以访问该模块，但系统通过对用户进行身份验证，根据用户拥有的权限，赋予用户相应的操作权限。显然其功能包括：序号 3（用户登录），序号 11（用户注册与注销），序号 5（用户身份验证），序号 9（赋予用户相应的操作权限）。

（2）部门信息管理要求具备部门管理员身份的用户可以对部门内信息进行增加、修改和删除操作，并要求所维护的信息同步到其他信息子系统中。例如，原部门名称为"软件研究部"现改为"软件工程研究所"，必须将该修改信息同步到有关的信息子系统中。显然其功能包括：序号 2（部门信息维护）、序号 10（部门信息同步）。

（3）人员信息查询及管理要求实现查询人员信息，具备部门管理员身份的用户可以允许其管辖内人员的信息维护（进行增加、修改、删除和密码重置操作），并要求所维护的信息同步到其他信息子系统中。用户可以修改自己的信息资料。显然其功能包括：序号 14（人员信息查询）、序号 4（部门人员信息维护）、序号 16（个人信息维护）。

（4）信息子系统登录模块要求实现功能：当统一用户管理系统要求连接一个信息子系统时，需要进行信息子系统注册。若需要进行数据同步，则要记录信息系统获得同步通知的 URL；若需要单点登录，则要记录单点登录时的 URL。显然其功能包括：序号 1（信息子系统注册）、序号 6（记录信息系统获得同步通知的 URL）、序号 15（记录单点登录时的 URL）。

（5）系统维护要求系统有默认的超级管理员，其职责是设置系统管理员的操作权限、配置系统同步方式（实时同步或定时同步）；系统管理员职责是设置部门管理员的操作权限及系统维护工作；部门管理员职责：设置所管辖部门管理及用户的操作权限。显然其功能包括：序号 7（设置系统管理员权限）、序号 12（配置系统同步方式）、序号 8（设置部门管理员权限）、序号 13（设置用户的操作权限）。

【问题 2】

根据题意，系统平台管理分为平台级、系统级和部门级 3 级。管理员角色包括超级管理员、系统管理员和部门管理员。

【问题 3】

统一用户管理系统实现网上应用系统的用户、角色和组织机构统一化管理，实现各种应用系统间跨域的单点登录、单点退出和统一的身份认证功能，用户登录到一个系统后，再转入到其他应用系统时不需要再次登录，简化了用户的操作，也保证了同一用户在不同的应用系统中身份的一致性。

参考答案

【问题 1】

(1) 用户登录，用户注册与注销，用户身份验证，赋予用户相应的操作权限
　　或 3，11，5，9

(2) 部门信息维护，部门信息同步　　或 2，10

(3) 人员信息查询，部门人员信息维护，个人信息维护　或 14，4，16

(4) 信息子系统注册，记录信息系统获得同步通知的 URL，记录单点登录时的 URL
　　或 1，6，15

(5) 设置系统管理员权限，配置系统同步方式，设置部门管理员权限，设置用户的操作权限
　　或 7，12，8，13

【问题 2】

(1) 3 级

（2）超级管理员
　　　　系统管理员
　　　　部门管理员

【问题 3】
　　（1）单点登录是指用户一次登录后，就可以依靠认证令牌在不同系统之间切换（或用户登录到一个系统后，再转入到其他应用系统时不需要再次登录）。
　　（2）优点：方便用户使用（或简化操作）；在不同应用系统中用户身份的一致性（便于统一管理）。

试题三（共 15 分）

阅读以下说明，回答问题 1 至问题 3，将解答填入答题纸的对应栏内。

【说明】
　　在信息系统运行管理中，系统管理人员面临较多的工作，主要包括系统的日常操作管理、用户管理和存储管理等内容。
　　1. 系统的日常操作是整个管理中心直接面向用户最为基础的部分，它涉及企业日常作业调度管理、服务台管理、故障管理及用户支持、性能及可用性保障和输出管理等内容。
　　2. 在系统管理中，企业一方面通过边界安全设备部署及防御技术应用抵御外部入侵，另外一方面要避免因为用户身份的盗用造成的一些重要数据泄露或损坏。大量数据也表明企业内部安全问题比外部入侵更难于防范。更多的企业认识到加强用户身份认证工作的重要性，采用统一用户身份认证方案应对系统管理中出现的多种问题。
　　3. 随着信息化的发展，各类系统存储需要大量的数据，系统管理人员工作要善于运用多种管理工具使数据存储规范化和标准化，通过减少管理人员的工作强度和复杂程度，在服务管理中取得较好的效果。
　　请结合系统管理的知识和自己的工作情况回答以下问题。

【问题 1】（4 分）
　　简要说明通过对系统日常操作形成的运行报告包括哪几类。

【问题 2】（6 分）
　　简要说明统一用户身份认证解决系统应用中出现的哪些问题。

【问题 3】（5 分）
　　简要说明存储管理包括哪些内容。

试题三分析

　　本题考查信息系统运行维护方面的知识。信息系统运行维护（简称运维）是信息系统全生命周期中的重要阶段。运维阶段包括对系统和服务的咨询评估、例行操作、相应支持和优化改善以及性能监视、时间和问题的识别和分类，并报告系统和服务的运行状况等方面的内容。本题重点考查的是系统运维中的例行操作与响应支持等，属于运维服务中的基础服务项目。

【问题 1】
　　系统运行过程中的关键操作、非正常操作、故障、性能监控、安全审计等信息，应该实时或随后形成系统运行报告，以便进行分析改进。通常需要形成的报告有以下四类。

1. 系统日常操作日志。系统日常操作日志应该记录足以形成数据的信息，为关键的运行提供审核追踪记录，并保存合理的时间段。利用日志工具对日志进行检查，以便监控例外情况并发现非正常的操作、未经授权的活动、作业完成情况、存储状况、CPU、内存利用水平等。

2. 性能/能力规划报告。企业需要了解其 IT 能力是否满足其业务需要，因此它需了解系统性能、能力和成本的历史数据，定期形成月度、年度性能报告，并进行趋势分析和资源限制评估，在此基础之上增加或者调整其 IT 能力。

3. 故障管理报告。企业定期产生关于问题的统计数据，这些统计数据包括：事故出现的次数、受影响的客户数、解决事故所需的时间和成本、业务损失成本等，可以供管理层对反复发生的问题进行根本原因的分析，并寻找改进的机会。

4. 安全审计日志。为了能够及时监测、记录和分析网络上和用户系统中发生的各类与安全相关的事件，并阻断严重的违规行为，就需要安全审计跟踪机制来实现在跟踪中记录有关的安全信息。审计是记录用户使用计算机网络系统进行的所有活动的过程，是提高安全性的重要工具。

【问题 2】

统一身份认证服务系统的一个基本应用模式是统一认证模式，它是以统一身份认证服务为核心的服务使用模式。用户登录统一身份认证服务后，即可使用所有支持统一身份认证服务的管理应用系统。因此从用户的角度上讲，方便了用户对不同系统的访问。

身份认证一般与授权控制是相互联系的，授权控制是指一旦用户的身份通过认证以后，确定哪些资源该用户可以访问、可以进行何种方式的访问操作等问题。在一个数字化的工作体系中，应该有一个统一的身份认证系统供各应用系统使用，但授权控制可以由各应用系统自己管理。从安全的角度上讲，统一的认证与授权通常采用复杂的加密算法与协议，这样不仅可以提高系统的安全性，同时也减少了管理人员对各子系统中分别配置系统权限导致重复操作的问题。

【问题 3】

在开放企业的网络环境中，存储管理解决方案应该从提高整个企业的存储能力和数据管理水平入手。利用自动化管理工具解决重复、人工操作容易产生问题的操作，更好地发现和解决故障、提高配置信息的可用性、实现分布式系统管理等。具体的存储管理包括：自动的文件备份与归档、文件的空间管理、文件的迁移、灾难恢复以及存储数据的管理等内容。

参考答案

【问题 1】

(1) 系统日常操作日志　　(2) 性能/能力规划报告
(3) 故障管理报告　　　　(4) 安全审计日志

【问题 2】

(1) 提高系统的易用性，方便用户使用
(2) 通过数字证书或统一的权限设置提高系统的安全性
(3) 减轻管理人员负担，提高工作效率

【问题 3】
（1）文档管理和归档
（2）文件系统空间的管理
（3）文件的迁移
（4）灾难恢复
（5）存储数据的管理

试题四（共 15 分）

阅读以下说明，回答问题 1 至问题 4，将解答填入答题纸的对应栏内。

【说明】

信息安全是一个动态的变化过程，需要从管理和技术上不断地完善。

> 案例：某企业的 IT 部门通过年度自查发现了一些问题和不足，为此提出了安全方面的改进计划。改进计划的部分内容描述如下所示。
> 1. 对新进技术人员开展 Oracle 技术培训，培训内容主要是用户管理、权限管理、角色管理、概要文件（profile）管理、审计等内容。
> 2. 通过对现有的管理制度、操作规范进行梳理，发现在软件文档、资料交接方面存在一定漏洞，一些系统档案由于人员更迭偶有遗失；一些系统、数据库密码长期不更换等问题，需要对制度进行完善。
> 3. 在重要系统已经安装防火墙的情况下，申请购买 IDS 设备并要求购买国产品牌的 IDS。

结合信息系统的安全管理知识，回答与企业安全管理相关的问题。

【问题 1】（4 分）

（1）案例中所述内容是否都属于信息安全管理的范围？
（2）安全管理都包括哪些内容。

【问题 2】（3 分）

（1）案例中提到的 Oracle 是什么软件？
（2）案例中提到的"概要文件"的含义是什么。

【问题 3】（4 分）

（1）案例中提到的资料遗失问题，可以采取哪些措施进行完善。
（2）案例中提到的系统、数据库密码长期不更换情况可以采取哪些技术措施。

【问题 4】（4 分）

（1）案例中提到的 IDS 设备的主要功能是什么，其功能防火墙是否可以替代。
（2）案例中提到购买国产品牌的 IDS 设备是否适当并说明理由。

试题四分析

本题考查信息安全的相关知识。信息系统安全包括人员安全管理制度；操作安全管理制度；场地与设施安全管理制度；设备安全管理制度；操作系统和数据库安全管理制度、技术文档的安全制度等多个方面的内容。

本题的案例从信息系统管理人员在日常工作中较为常见的安全相关的事件中选题，要求考生具有一定的信息管理工作实践经验。

【问题 1】

本案例中所述的内容涉及人员安全培训、安全管理制度、设备安全等几个信息系统安全管理的内容。若处理不当，会从不同的层面对企业的信息安全构成不同程度的威胁。

企业的安全管理需要采取人员防范与技术防范并重的原则，在此基础上更倾向于对人员的防范。对人员的防范管理主要是通过培训与安全制度来实现，技术防范的措施主要是通过技术手段与安全策略来实现。

【问题 2】

Oracle 数据库系统是美国 Oracle 公司（甲骨文）提供的以分布式数据库为核心的一组软件产品，是目前最流行的客户机/服务器（Client/Server）或 B/S 体系结构的数据库之一。Oracle 数据库是目前世界上使用最为广泛的数据库管理系统，作为一个通用的数据库系统，它具有完整的数据管理功能；作为一个关系数据库，它是一个完备关系的产品；作为分布式数据库它实现了分布式处理功能。

概要文件是口令限制和资源限制的命名集合，是 Oracle 安全策略的重要组成部分，利用概要文件可以对数据库用户进行口令管理和资源限制。例如使用概要文件可以指定口令有效期、口令校验函数、用户连接时间以及最大空闲时间等。

【问题 3】

信息系统通常不仅是运行中的软件和硬件系统，还包括软件文档、相关资料、服务合同、操作说明等保障信息系统运行的文件档案等。这些资料的遗失会给信息系统的长期运行和维护带来重大的安全隐患。通常情况下，可以采用定期检查、多人负责、健全档案管理、明确责任等多种安全措施进行保管。

对于密码的管理可以采用强制更换的策略或者制度，比如一次性密码、基于时间有效性的密码、定期更换密码等。

【问题 4】

防火墙是设置在被保护网络（本地网络）和外部网络（主要是 Internet）之间的一道防御系统，以防止发生不可预测的、潜在的破坏性侵入。它可以通过检测、限制、更改跨越防火墙的数据流，尽可能对外部屏蔽内部的信息、结构和运行状态，以此来保护内部网络中的信息、资源等不受外部网络中非法用户的侵犯。

入侵检测系统（IDS）是通过从计算机网络或计算机的关键点收集信息并进行分析，从中发现网络或系统中是否有违反安全策略的行为和被攻击的迹象。

从安全的角度考虑，信息产品采用自主品牌更符合国家的安全战略的长期需求。

参考答案

【问题 1】

（1）是

（2）人员的安全管理及培训

安全制度与措施的建设
技术手段及安全策略

【问题2】
（1）数据库系统管理软件
（2）概要文件（Profile）是数据库和系统资源限制的集合，是 Oracle 数据库安全策略的重要组成部分。

【问题3】
（1）多人负责原则、定期检查制度、备份制度、完善档案管理制度等。
（2）一次性密码、基于时间的密码、定期更换密码等。

【问题4】
（1）IDS 是入侵检测系统，是依照一定的安全策略对网络、系统的运行状况进行监视，尽可能发现各种攻击企图、攻击行为或者攻击结果，以保证网络系统资源的机密性、完整性和可用性。防火墙不能替代 IDS。
（2）适当。安全设备采购原则包括尽量采用我国自主研发技术和设备。

试题五（共 15 分）

阅读以下说明，回答问题1至问题4，将解答填入答题纸的对应栏内。

【说明】

目前，很多高校都开展了网络教学活动，充分发挥了信息化在现代教学中的作用。对网络教学支撑平台的评价可以更好地改进网络教学质量，提升网络教学的效果。某高校信息部的技术人员就本校现有网络教学支撑平台进行了评价指标的设计。

该网络教学支撑平台评价指标的设计包括：①评价指标的设计原则；②评价指标及评价方法的设计；③各项评价指标说明。其中，评价指标及评价方法设计如表5-1所示。

表5-1 网络教学支撑平台的评价指标及评价方法

一级指标	二级指标	评价方法
体系结构	是否为三级 B/S 模式、能否满足各种存储	技术人员评价
响应速度	页面载入时间、文件下载/上传速度	Web 日志、网站文件数据挖掘
网络传输质量	页面是否清晰、影音是否同步	师生调查
安全性	防病毒、黑客入侵的能力	技术人员评价
	数据备份及恢复、用户注册及用户管理	
稳定性	＿＿＿＿（a）＿＿＿＿	技术人员评价
有效资源率	有效访问次数、有效停留时间	技术人员评价、师生调查
有效链接	链接外观、是否定期检查链接、有效链接率	技术人员评价、师生调查
更新	是否进行更新、更新频率	技术人员评价、师生调查
交互	是否有教学需要的各种交互手段	师生调查
	交互的有效利用率	
导航系统	是否有导航、导航是否清晰、正确	技术人员评价、师生调查
帮助系统	是否有帮助系统、是否有效	技术人员评价、师生调查

请结合以上描述，从信息系统概念、信息系统评价角度回答下列问题。

【问题 1】（3 分）

简要说明表 5-1 中二级指标"三级 B/S 模式"的含义。

【问题 2】（5 分）

简要说明表 5-1 中"稳定性"包含了哪些二级指标。

【问题 3】（3 分）

上述表 5-1 中的评价结果仅是定性的评价，如果需要改进评价方法，应该如何做。

【问题 4】（4 分）

通常情况下信息系统采用的专家评估法中包括哪些具体方法。

试题五分析

本题考查信息系统评价的相关知识。信息系统评价是根据预定的系统目的，在系统调查和可行性研究的基础上，主要从技术和经济等方面，就系统设计的方案所能满足需要的程度及消耗和占用的资源进行评审。通常信息系统都是相对复杂的技术系统，在评价时对技术的先进性、可靠性、适用性和用户界面友善等技术性能方面的考查是信息系统能否满足用户需求的重要方面。

对于信息系统的评价一般包括三个方面的内容：一是综合评价指标体系及其评价标准的建立，这是评价工作的前提；二是用定性或者定量的方法确定各指标的具体数值，即指标价值；三是各指标的综合，包括综合算法和权重的确定、总体价值的计算等。

【问题 1】

本题从具体的评价项目指标出发，考查信息系统通常采用的网络架构的基本概念，信息系统的网络架构一般分为 C/S 或 B/S 结构。

C/S（Client/Server，客户机/服务器）模式又称 C/S 结构，是软件系统体系结构的一种。C/S 模式简单地讲就是基于企业内部网络的应用系统。与 B/S（Browser/Server，浏览器/服务器）模式相比，C/S 模式的应用系统最大的好处是不依赖企业外网环境，即无论企业是否能够上网，都不影响应用。

B/S 结构（Browser/Server 结构）即浏览器和服务器结构。它是随着 Internet 技术的兴起，对 C/S 结构的一种变化或者改进的结构。在这种结构下，用户工作界面是通过 WWW 浏览器来实现，事务逻辑与用户界面和数据存取明显地分离出来，将客户端用户界面与服务器的存取隔离开来，极大地改善了应用程序的可维护性。

【问题 2】

信息系统的稳定性是一个非常广泛的概念，它包括信息系统所依赖的硬件环境，也包括数据库故障、操作系统人员的能力等多方面的因素。在信息系统的日常管理中，系统的稳定性导致的系统故障占用了管理人员大量的维护时间，是信息系统管理维护人员在日常工作中接触较多的一类事件，需要在系统评测中着重考虑。

【问题 3】

定性评价是不采用数学的方法，而是根据评价者对评价对象平时的表现、现实和状态或文献资料的观察和分析，直接对评价对象做出定性结论的价值判断，比如评出等级、写出评语等。定性评价是利用专家的知识、经验和判断通过记名表决进行评审和比较的评标方法。定性评价强调观察、分析、归纳与描述。从题目给出的指标体系以及描述来看，得到的结论是定性评价。

题目给出的评价方法没有指出各种指标占到总体的权重，不利于不同专家对系统的评价打分的对比。

【问题 4】

系统的评价一般分为专家评估法、经济技术评估法、模型评估法和系统分析法等多种方法。其中专家评估法包括德尔菲法、评分法、表决法和检查表法等。

德尔菲法是一种主观、定性的方法，是一种主观预测方法，是采用背对背的通信方式征询专家小组成员的预测意见，经过几轮征询，使专家小组的预测意见趋于集中，最后做出符合市场未来发展趋势的预测结论。

评分法是一种定性描述定量化方法。它首先根据评价对象的具体要求选定若干评价项目，再根据评价项目制定出评价标准，聘请若干代表性专家，凭借专家的经验按此评价标准给出各项目的评价分值，然后对其进行结集。

表决法也称定性评议法或综合评议法，评标委员会根据预先确定的评审内容，如报价、工期、技术方案和质量等方面，对各投标文件共同分项进行定性分析、比较，进行评议后，选择投标文件在各指标都较优良者为候选中标人。

检查表法又称调查表法或统计分析表法，它是利用统计调查表来进行数据收集整理工作和原因分析的一种方法。

参考答案

【问题 1】

三级 B/S 模式是指客户表现层、业务逻辑层、数据层。

注："答"三级 B/S 模式是通过浏览器、服务器、数据库来区分"也正确。

【问题 2】

稳定性的二级指标包括：宕机频率（系统故障）、数据库故障、网络故障、机房环境（温湿度、磁场影响等）、电力保证、操作人员能力等方面。

【问题 3】

实现定性到定量的转化。

改进方向是解决评价各项指标的权重问题。

【问题 4】

德尔菲法

评分法

表决法

检查表法